青春詩集
愛のあとさき

大川隆法
Ryuho Okawa

大学時代、東京都世田谷区の下宿にて。
詩集の第一部「海洋学者のように」は、
東京大学二年の時から三年の頃に書かれた。

大学時代によく散策し、詩の着想を得ていた
世田谷の羽根木公園。

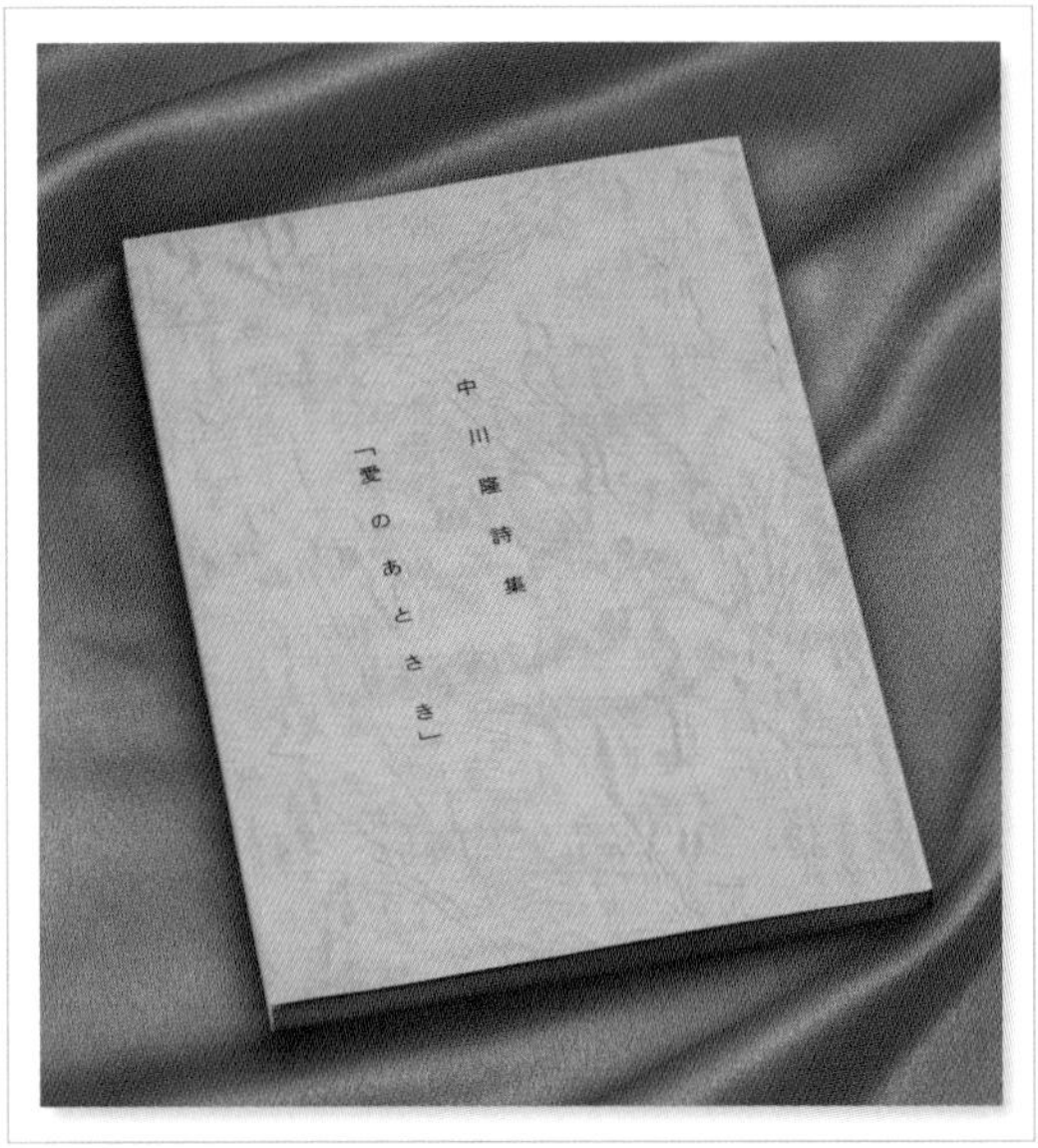

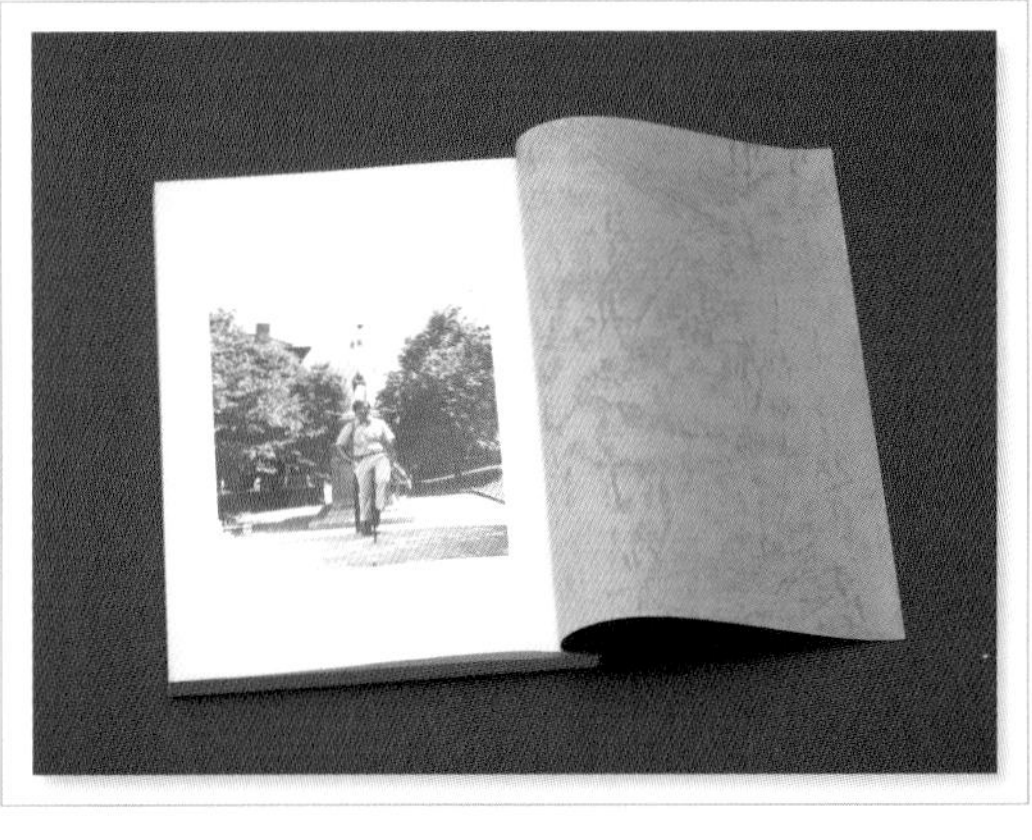

詩集『愛のあとさき』(私家版)
商社勤務時代の1985年春(当時28歳)に出版された。

ニューヨーク勤務時代、
アメリカ・ボストンに旅行した際の
記念写真（詩集の口絵より）。

ワンワールドトレードセンター 40 階にて
（窓からは、下に自由の女神が遠望できた）。

ニューヨーク勤務時代、リンカーン記念館を訪れ、
リンカーンの坐像の前で決意されたことの内容が、
詩「風鈴とリンカーン」のなかに綴られている。

まえがき（改訂新版）

一九八四年春、会社の近くの小さな印刷屋に依頼して、三十万円で、限定百部の自費出版の詩集を出した。私の青春時代をタイム・カプセルのように遺《のこ》すつもりだった。友人、知人たちに配ったり、送ったりした。独身寮の先輩で、「H氏賞」という詩の賞をもらえるのではないか、と言ってくれた人もあったが、『愛のあとさき』じゃなく『愛のさきあと』だろうと言う人もあり、「第一部と第二部のワープの間に一体何があったんだ。」と手紙をくれた友人もいた。一部だけ試しにある詩集を出している小さな出版社に送ってみたが、何の返事も来はしなかった。

一九八六年に幸福の科学発足後、幸福の科学出版もつくったので、数多くの書籍を出版した余徳《よとく》で、わがままながら、二〇〇八年八月に教団内部で旧版にあたるものを出版した。

それまでに、秘密でコピーをまわして読んでいた人たちは喜んでくれた。また歌手で「これはロックだ。全部歌にできますよ。」と言ってくれた方もいた。

ということで、本書所収の全詩は、作詞作曲、大川隆法で、全部楽曲化《がっきょくか》しつつある。いずれCDで歌として聞かれる人もいるだろう。

私自身が歌った原曲研修では、涙する人も多いと聞くので、少しはお役に立てるかもしれない。

二〇二一年　六月十日

幸福《こうふく》の科学《かがく》グループ創始者兼総裁《そうししゃけんそうさい》　大川隆法《おおかわりゅうほう》

若き日の詩集に寄せて（旧版）

本書は、私の商社時代、二十八歳《さい》の春に、名古屋において限定百部で自費出版した詩集『愛のあとさき』を再び上梓《じょうし》したものです。

第一部は私の大悟《たいご》以前の時代（二十〜二十一歳）に創《つく》った詩の抄《しょう》録《ろく》で「海洋学者のように」、第二部は大悟以後（二十七〜二十八歳）のもので、「天使との対話」と題して、宗教的なものとなっています。

第一部と第二部では「愛」の意味が変わっており、実際上は「愛から悟りへ」とも称《しょう》してよいものです。悟りの前後の事情が判《わか》る貴重な一冊となるでしょう。

本詩集の刊行に伴《ともな》い、商社時代に、会社の広報室から請《こ》われて社内報に執筆《しっぴつ》した「後世への最大遺物」と「愛の発展段階説」の二小文を付け加えました。本文と併《あわ》せてお読みいただければ、『太陽の法』以前の私の心境がよく判ることと思います。

二〇〇八年　八月

幸福《こうふく》の科学《かがく》グループ創始者兼総裁《そうししゃけんそうさい》　大川隆法《おおかわりゅうほう》

青春詩集《せいしゅんししゅう》　愛《あい》のあとさき　目次

まえがき（改訂新版） 1
若《わか》き日《ひ》の詩《し》集《しゅう》に寄《よ》せて（旧版） 4

第一部

詩《し》集《しゅう》「海洋学者《かいようがくしゃ》のように」（二十歳～二十一歳）

愛《あい》 16
沈黙《ちんもく》の冬《ふゆ》 21
落《お》ちた偶像《ぐうぞう》 25
時《とき》 27

秋《あき》の風《かぜ》　30
子守唄《こもりうた》　33
晶子《あきこ》よ　35
道《みち》　草《くさ》　37
水晶《クリスタル》のように　40
この風《かぜ》の声《こえ》を聞《き》かないか　43
仙台坂《せんだいざか》　47
霙《みぞれ》降《ふ》る夜《よる》に　51
アリストテレスの涙《なみだ》　54
少《しょう》　女《じょ》　59
泉《いずみ》　63

無《む》　心《しん》　65
スプリング・ハズ・カム　68
おいでやさしいひとよ　71
小心《しょうしん》な恋《こい》　76
詩《し》　人《じん》　78
デザート　81
肺病《はいびょう》やみの殿様蛙《とのさまがえる》　85
猫《ねこ》　89
ぼくの赤《あか》いバラ　91
いかに晶子《あきこ》　95
赤《あか》い眼《め》をした詩人《しじん》　100

小《ちい》さな風景《ふうけい》　103
守《や》宮《もり》　106
海洋学者《かいようがくしゃ》のように　110

第二部

詩集《ししゅう》「天使《てんし》との対話《たいわ》」（二十七歳～二十八歳）

愛《あい》　116
幸福《こうふく》の卵《たまご》　117
愛《あい》と哲学《てつがく》　118
悲《かな》しみの時《とき》　124

天使《てんし》との対話《たいわ》　130
愛《あい》の星《ほし》　139
夢人間《ゆめにんげん》　145
小《ちい》さな願《ねが》い　150
幸福新聞《こうふくしんぶん》　154
風鈴《ふうりん》とリンカーン　157
聖少女《せいしょうじょ》　162
虜《とりこ》　172
イノセント・イヴ　181
タロット占《うらな》い　188
青春《せいしゅん》の終《お》わり　197

二十歳《はたち》　205
夢《ゆめ》　207
愛《あい》ふたたび　210
存在《そんざい》の愛《あい》　213
ありがとうの一言《ひとこと》　215
一隅《いちぐう》を照《て》らせ　217
預言者《よげんしゃ》　220

特別追加詩篇《しへん》（二〇二〇年十一月五日）

主《しゅ》なる神《かみ》を讃《たた》える歌《うた》　242

特別収録　商社時代《しょうしゃじだい》「社内報《しゃないほう》」への寄稿文《きこうぶん》

後世《こうせい》への最大遺物《さいだいいぶつ》（二十六歳）　254
愛《あい》の発展段階説《はってんだんかいせつ》（二十七歳）　260
初版「あとがき」（二十八歳当時）より　266
あとがき（改訂新版）　268

第一部

詩《し》集《しゅう》

「海《かい》洋《よう》学《がく》者《しゃ》のように」

（青春前期　二十歳〜二十一歳）

愛《あい》

いえなかった
そのひと言《こと》が
いえなかった

講義《こうぎ》は終《お》わり
ひとはまばらに
そして君《きみ》は

スロービデオのように
ゆるゆると立《た》ちあがり
白《しろ》いセーターのふくらみに
黒《くろ》いコートをそっと羽織《はお》った

夢《ゆめ》みるように
小《ちい》さく吐息《といき》したあと
しなやかな指《ゆび》が
ひとつ　また　ひとつと
ボタンをかけていった

やがて指《ゆび》の動《うご》きがとまり
君《きみ》はもの想《おも》いげに前《まえ》を視《み》
それでも何《なに》かをまっていた

いえなかった
そのひと言《こと》が
いえなかった

僕《ぼく》は

赤《あか》くなり熱《あつ》くなり
吐《は》く息《いき》を白《しろ》く震《ふる》わせて
隣《とな》りで胸《むね》の鼓動《こどう》を数《かぞ》えていた

突然《とつぜん》
小《ちい》さく口唇《くちびる》をかみしめると
君《きみ》は蝶《ちょう》のように
身《み》を翻《ひるが》えした

あとには

しーんとした大教室《だいきょうしつ》が広《ひろ》がり
僕《ぼく》のこころが
蛍光灯《けいこうとう》の光《ひかり》と
白《しろ》さを競《きそ》っていた

沈黙《ちんもく》の冬《ふゆ》

花《はな》は咲《さ》かない
鳥《とり》も飛《と》ばない

ああ、ぼくは
牡蠣《かき》のように黙《だま》りこくって
眺《なが》めていた………
降《ふ》りもせぬ雪《ゆき》を

グリーン・クリスを

街《まち》にはクリスマス・キャロルが流《なが》れ
鈴《すず》の音《ね》に人々《ひとびと》の顔《かお》もほころび
ショーウインドウは熱気《ねっき》に白《しろ》くくもり
それでもぼくは
眺《なが》めていた………
牡蠣《かき》のように黙《だま》りこくって

ああ、沈黙《ちんもく》の冬《ふゆ》

この街《まち》には
鳥《とり》も啼《な》かない
雪《ゆき》も降《ふ》らない

霜枯《しもが》れた夢《ゆめ》の中《なか》を
ぼくは、ああ、
牡蠣《かき》のように黙《だま》りこくって
それでも眺《なが》めていた

（著者注《ちょしゃちゅう》）グリーン・クリス…雪《ゆき》の降《ふ》らないクリスマスのこと。

落《お》ちた偶像《ぐうぞう》

その日《ひ》から青空《あおぞら》は消《き》えた
敷《し》きつめた落葉《おちば》の上《うえ》に
血《ち》のような夕陽《ゆうひ》の中《なか》に
偶像《ぐうぞう》が一《ひと》つころがっていた

ヒョイとひろいあげて
ポイとどこかへ投《な》げてやりたくなった

そしたら奴《やつ》は
まっ青《さお》になってふるえ
けとばそうとすると
まっ赤《か》になって怒《おこ》った

時《とき》

時《とき》は
静《しず》かに眠《ねむ》っていた
眠《ねむ》りながらも
流《なが》れていた

流《なが》れる時《とき》の
岸辺《きしべ》には

夢《ゆめ》が
寂《さび》しくさすらった

さすらう夢《ゆめ》の
ゆくてには
永遠《とわ》の生命《いのち》が
ゆらめいた

ゆらめく生命《いのち》の足元《あしもと》に
時《とき》は静《しず》かに眠《ねむ》っていた

眠《ねむ》りながらも
流《なが》れていた

秋《あき》 の 風《かぜ》

はらり落《お》つ
はらり落《お》つ
色《いろ》づいてはらり落《お》つ　柿《かき》の葉《は》
風《かぜ》が吹《ふ》く
風《かぜ》が吹《ふ》く
音《おと》もなく目《め》に見《み》えぬ　秋《あき》の風《かぜ》

おそい朝《あさ》の光《ひかり》がそっとさしこみ
苦《にが》いコーヒーをのどに流《なが》しこみ
ラジオから流《なが》れ出《で》るシャンソンに
なぜかすすり泣《な》いているきみ

うろこ雲《ぐも》が流《なが》れ
赤《あか》い柿《かき》の葉《は》が流《なが》れ
黄《き》色《いろ》い秋風《あきかぜ》が流《なが》れ
想《おも》い出《で》の中《なか》に日々《ひび》が流《なが》れ

はらり落《お》つ
はらり落《お》つ
色《いろ》づいてはらり落《お》つ　柿《かき》の葉《は》
風《かぜ》が吹《ふ》く
風《かぜ》が吹《ふ》く
音《おと》もなくしのびよる　秋《あき》の風《かぜ》

子《こ》守《もり》唄《うた》

ひとよ
オレンジ色《いろ》の冬《ふゆ》の日《ひ》の
遠《とお》く澄《す》みわたる午後《ごご》に
子守唄《こもりうた》をうたってみたのです
風《かぜ》も樹《き》も雲《くも》も
やさしい秋《あき》も　眠《ねむ》らせようとして
はじめての冬《ふゆ》を

かなでてもみたのです

ひとよ
私《わたし》はうまくうたえないのです
やさしく「おやすみ」と微笑《ほほえ》んでください

そしてあなたのやすらかな夢《ゆめ》の中《なか》で
風《かぜ》を樹《き》を雲《くも》を　やさしい秋《あき》を
そっと憩《いこ》わせてください

晶《あき》子《こ》よ

晶《あき》子《こ》よ
ひとの一生《いっしょう》は
誰《だれ》かに何《なに》かを伝《つた》えるため
晶《あき》子《こ》よ
僕《ぼく》の一生《いっしょう》は
おまえに何《なに》かを語《かた》るため

たとえば錆《さ》びた風鈴《ふうりん》が
さやかな風《かぜ》にも鳴《な》るように

晶子《あきこ》よ
僕《ぼく》は伝《つた》えたい
たがために
この人生《じんせい》があるのかを

道《みち》草《くさ》

青春《せいしゅん》は
道草《みちくさ》の代名詞《だいめいし》
ころんではじめて気《き》がついた
ただただ前《まえ》へと進《すす》んでも
何《なに》も見《み》つかりはしないのだ

青春《せいしゅん》は

道草《みちくさ》の代名詞《だいめいし》
なにげなく通《とお》りすぎれば
なにげなく終《お》わってしまう
つまずいて
赤子《あかご》のように泣《な》きじゃくり
やがて無心《むしん》に戯《たわむ》れる
そこに何《なに》かがあるらしい

青春《せいしゅん》は
ああ、道草《みちくさ》の代名詞《だいめいし》

昼下《ひるさ》がりの街道《かいどう》を
汗《あせ》をぬぐって歩《ある》きつづけ
さてこの旅《たび》は何《なん》なのだろうと
思《おも》いはじめるその頃《ころ》には
日《ひ》はとっぷりと暮《く》れてゆく

水晶《クリスタル》のように

ごらん　息《いき》をはずませながら
冬《ふゆ》が　歓喜《よろこび》の声《こえ》をあげ
きらきらと　ほら
きらきらと　輝《かがや》きながら
あかるいものが　空《そら》を昇《のぼ》ってゆくよ
ごらん　それは玉《たま》か何《なに》かのようで

すーっと浮《う》かんだかとおもうと
寒風《さむかぜ》の切《き》れ目《め》を追《お》いかけては
さーっと　横《よこ》に流《なが》れてゆき
蒼空《あおぞら》を驚《おどろ》かせたりするよ

でもきみは　知《し》っていてくれ
あれは　歓喜《よろこび》じゃあないんだよ
あれは　淋《さび》しさでもないんだよ
ほら　それは　水晶《クリスタル》のように
冴《さ》えざえと高《たか》い冬《ふゆ》の空《そら》に

きらきらと光《ひかり》をはね返《かえ》しながら
何《なに》も語《かた》らず
永《なが》い冬《ふゆ》をいったりきたりしている

この風《かぜ》の声《こえ》を聞《き》かないか

きみよ
この風《かぜ》の声《こえ》を聞《き》かないか
この大寒《だいかん》の梅《うめ》ヶ《が》丘《おか》に
どこからともなく吹《ふ》きあげて
恋《こい》の
ゆくえ知《し》らぬ不安《ふあん》を告《つ》げる
この風《かぜ》の声《こえ》を聞《き》かないか

ほら
目《め》に沁《し》みる名残《なご》り雪《ゆき》のうえを
吹《ふ》き渡《わた》るのは
涯《は》てしなく清《せい》楚《そ》な風《かぜ》
ああ
そこに何《なに》かが揺《ゆ》れている

きみよ
ああ

愛《あい》というには幼《おさ》なすぎ
友情《ゆうじょう》というには拙《つた》なすぎる
ぼくたちのこころを
揺《ゆ》さぶっているこの風《かぜ》を………
崇高《すうこう》な哀《かな》しみにも似《に》た
涯《は》てしない感情《かんじょう》を
どこからともなく運《はこ》んでくる
この限《かぎ》りなく清浄《せいじょう》な風《かぜ》の声《こえ》を………
ふたりで聞《き》いてみないか

芽《め》ぐむのは梅《うめ》の木《き》だけではないと
ひそやかに告《つ》げている
この風《かぜ》の声《こえ》を
きみも聞《き》かないか

仙《せん》台《だい》坂《ざか》

——友人《ゆうじん》のシナリオに寄《よ》せて——

木《こ》の葉《は》降《ふ》り敷《し》くその秋《あき》に
あなたは機上《きじょう》の人《ひと》となり
遠《とお》い異国《いこく》に旅立《たびだ》った

私《わたし》は郷里《きょうり》の倉敷《くらしき》の
昔《むかし》ながらの家並《いえなみ》を

重《おも》いバッグにあえぎつつ
用水沿《ようすいぞ》いに歩《ある》いてた
私《わたし》の姿《すがた》は水面《みなも》に揺《ゆ》れて
五年《ごねん》の月日《つきひ》を捜《さが》してた

初夏《はつなつ》にあなたを知《し》ったその日《ひ》にも
蟬《せみ》はしぐれておりました
四季《しき》は幾度《いくど》もめぐりゆき
仙台坂《せんだいざか》の淡雪《あわゆき》が
いつしかとけてもゆくように

五歳《いつとせ》は積《つ》もるとみえて消《き》えました
別《わか》れの夏《なつ》になく蟬《せみ》も
黄昏時《たそがれどき》の草《くさ》いきれも
その昔《むかし》と「変《か》わらないわね」という私《わたし》
ひっそりと
しかしあなたはいいました
「けれども人《ひと》は変《か》わった」と

ああ、ロンドンの空《そら》のもと
仙台坂《せんだいざか》の想《おも》い出《で》は

はるかに遠《とお》く弧《こ》を描《えが》く
故郷《こきょう》にあっておもうのも
最後《さいご》に逢《あ》った仙台坂《せんだいざか》
ああ、いまは
二人《ふたり》で育《そだ》てた想《おも》い出《で》も
なだらかなスロープ描《えが》き落《お》ちてゆく

霙《みぞれ》降《ふ》る夜《よる》に

ともよ
この霙《みぞれ》降《ふ》る夜《よる》に
きみは何《なに》を想《おも》っているのだろう
天地《てんち》ほどかけ離《はな》れてしまった
二人《ふたり》の心《こころ》の空白《くうはく》を
やさしく満《み》たすのも
いまはもう暗闇《くらやみ》ばかり――。

彼女《かのじょ》はひっそりとやってきて
ひっそりと去《さ》ってゆく

あの日《ひ》——。
日《ひ》の暮《く》れ時《どき》の図書館《としょかん》で
かすかに僕《ぼく》は笑《わら》いかけ
きみも白《しろ》い歯《は》でしばし応《こた》えてくれたけど
閉館《へいかん》のベルの鳴《な》り終《お》わる頃《ころ》には
きみの姿《すがた》はもうそこにはなかった

ともよ
この霙《みぞれ》降《ふ》る夜《よる》に
きみは何《なに》を想《おも》っているのだろう
固《かた》い地面《じめん》に
霙《みぞれ》の突《つ》き刺《さ》さる夜《よる》に
地《ち》の底《そこ》から
うめき声《ごえ》が聞《き》こえてくる
この寒《さむ》過《す》ぎる夜《よる》に――。

アリストテレスの涙《なみだ》

私《わたし》は涙《なみだ》がきらいです
ぐるぐると渦《うず》を描《えが》いてこみあげる
涙《なみだ》が私《わたし》はきらいです

ねえ神様《かみさま》
愛《あい》さるべきは三《みっ》つしか
アガトン（善《よ》きもの）か

ヘーデュ（快適《かいてき》なもの）か
クレーシモン（有用《ゆうよう》なもの）しか
ないのでしょう

けれど神様《かみさま》　私《わたし》には
やはりなんにもないのです

悪《あ》しきもの
不快《ふかい》なもの
無用《むよう》なもので着《き》かざって

大手《おおで》を振《ふ》って歩《ある》いてる
他人《ひと》は私《わたし》をそうみます

ああ
恋愛《れんあい》も
親愛《しんあい》も
そのうえおまけに
友愛《ゆうあい》も
腹《はら》をかかえて笑《わら》っては
いつのまにやらいっちっちっち

ねえ神様《かみさま》
アガトン（善《よ》きもの）を愛《あい》したいとは思《おも》うんです
アガトン（善《よ》きもの）と愛《あい》されたいとは思《おも》うんです
でもでも私《わたし》の心《こころ》には
いつも木枯《こが》らし吹《ふ》きすさび
砂《すな》とほこりが目《め》に入《い》って
涙《なみだ》が涙《なみだ》があふれます

ああ神様《かみさま》

私《わたし》は涙《なみだ》がきらいです
ぐるぐると渦《うず》を描《えが》いてこみあげる
涙《なみだ》が私《わたし》はきらいです

（著者注《ちょしゃちゅう》）アガトン／ヘーデュ／クレーシモン
それぞれギリシャ語《ご》である。

少《しょう》女《じょ》

それは十五《じゅうご》の春《はる》でした
少女《しょうじょ》は屋根裏部屋《やねうらべや》にあがりました
ぽっかりあいた風窓《かざまど》から
もの憂《う》い夕陽《ゆうひ》がみえました
かすかな風《かぜ》に揺《ゆ》れているのは
大《おお》きな橡《とち》の木《き》でした
屋根裏部屋《やねうらべや》にはオレンジ色《いろ》の光《ひかり》が

輪《わ》になって躍《おど》っていました

少女《しょうじょ》は誰《だれ》かと話《はな》してました
何年《なんねん》かぶりの再会《さいかい》でした
懐《なつ》かしさのあまり目《め》に涙《なみだ》が浮《う》かんでいました
相手《あいて》の名《な》はティティーと言《い》いました
彼女《かのじょ》の小《ち》さい頃《ころ》の遊《あそ》び友《とも》だちでした
ティティーはおさげ髪《がみ》に
かわいい黄色《きいろ》のリボンを結《むす》んでいました
ほっぺたは赤《あか》く、大《おお》きな目《め》をしていました

少女《しょうじょ》はティティーを捜《さが》すのに
ほこりまみれになりました
大《おお》きな箱《はこ》のうしろの
くもの巣《す》のかかった箪笥《たんす》の上《うえ》に
ティティーはじっとすわっていました
「まあ、この子《こ》ったら。
こんなところに隠《かく》れていたのね。
ずいぶんと捜《さが》したのよ。
二人《ふたり》ともほこりだらけよ。」

少女《しょうじょ》は
すっかり小《ちい》さくなってしまった人形《にんぎょう》を
胸《むね》にしっかり抱《だ》きしめたのでした

泉《いずみ》

とおいひとよ　風《かぜ》に託《たく》して呼《よ》んでいるのは
僕《ぼく》の名《な》でも………あったろうか
ああ「しかし………」と
なぜ僕《ぼく》は　ためらい　立《た》ちどまるのだろうか
冬《ふゆ》の日《ひ》にも　ほとばしり出《で》て尽《つ》きない
泉《いずみ》が………そこにはあった

水鏡《みずかがみ》で髪《かみ》を直《なお》していたのは
やはり　あなたでは………なかったろうか

「泉《いずみ》!」と僕《ぼく》はかわいた声《こえ》をあげ
あなたは………ふいに駆《か》けおりていった
応《こた》えるようにざわめく黄昏《たそがれ》の林道《りんどう》を

とおいひとよ　あなたの名《な》を
僕《ぼく》に教《おし》えてくれたのは
いぶし銀《ぎん》のように笑《わら》う………泉《いずみ》だった

無《む》心《しん》

ふっているのは　あれは雪《ゆき》？
ふっているのは　これは花《はな》？
ぼくはなんにも知《し》らないで
くるくる傘《かさ》をまわしてる

幼《おさ》な子《ご》の　小《ちい》さな耳《みみ》に
母親《ははおや》が　夢《ゆめ》みるように語《かた》るのは

春《はる》はまだまだとおいのよ！
マフラー忘《わす》れちゃいけません！

けれどもぼくはうれしくて
石段《いしだん》を　飛《と》びあがったり　飛《と》びおりたり
時《とき》には身軽《みがる》な子供《こども》のように
悩《なや》みも軽《かる》くしたいもの

ふっているのは　あれは雪《ゆき》？
ふっているのは　これは花《はな》？

ぼくはなんにも知《し》らないで
くるくる傘《かさ》をまわしてる

スプリング・ハズ・カム

バネがきた？
泉《いずみ》が湧《わ》いた？
いいえ　そうではありません
はるですね　はるですね
はるですね　はるですね
はるですね　はるですね
おや

とりですね　とりですね
くもですね　くもですね
はなですね　はなですね
遊《あそ》んでいるのは
おちびちゃん　おちびちゃん

ああ
はるですね　はるですね
はるですね　はるですね
はるですね　はるですね

春《はる》ですね………

おいでやさしいひとよ

おいで
やさしいひとよ
おいで
かつて愛《あい》したひとも
（春《はる》だから）
おいで　おいで
みんなおいで

大《おお》きく手《て》を開《ひら》いて
この胸《むね》にうけとめよう
(だって春《はる》だから)
虫《むし》も
花《はな》も
雲《くも》も
風《かぜ》も
木《き》の芽《め》も
おいで
おいで　おいで

みんなでておいで
（だって春《はる》だもの）
アッコちゃん
きのうの雷《かみなり》すごかったね
チエちゃん
朝寝坊《あさねぼう》はいけません
さあ
おいで　おいで
ぼくのこころは晴《は》れやかだから
あの空《そら》までも

昇《のぼ》っていこう

おいで
やさしいひとよ
おいで
こいびとよ
(ほんとうに春《はる》だもの)
おいで
うつくしいひとよ
ぼくと手《て》をつないで

あのちぎれ雲《ぐも》に
のってゆこう
（だって春《はる》だから）
なつかしい南《みなみ》の島《しま》の
菜《な》の花畑《はなばたけ》に
雲雀《ひばり》をさがしにいこうよ

小心《しょうしん》な恋《こい》

詩《し》人《じん》がひたすら
寡《か》黙《もく》なように
おまえも
身《み》じろぎもせず
冬《ふゆ》の野《の》で
じっと凍《こご》えている

おまえよ
ああ
春《はる》を想《おも》っては
顔《かお》を赤《あか》らめてばかりいる
私《わたし》の小心《しょうしん》な恋《こい》

詩《し》人《じん》

人類《じんるい》は
男《おとこ》と女《おんな》と詩《し》人《じん》です
男《おとこ》は女《おんな》を愛《あい》します
女《おんな》も男《おとこ》を慕《した》います
それで詩《し》人《じん》はゆき場《ば》もなくて
花《はな》をめでたりするのです

詩人《しじん》のひたいに輝《かがや》くものは
大《おお》いなる神秘《しんぴ》の光《ひかり》じゃないのです
あれは冬《ふゆ》の日《ひ》の霜《しも》の色《いろ》
悲《かな》しみが身《み》を寄《よ》せあって粒《つぶ》となり
太陽《たいよう》の光《ひかり》を拒《こば》んでいるのです

人類《じんるい》は男《おとこ》と女《おんな》と詩人《しじん》です
男《おとこ》は女《おんな》をいつくしみ
女《おんな》は男《おとこ》に甘《あま》えます
それで詩人《しじん》も時《とき》にはひがみ

花《はな》をめでたりするのです

デザート

大《おお》まさかりのひと振《ふ》りで
男《おとこ》の首《くび》はコロンと落《お》ちた
青《あお》い髪《かみ》は切《き》り離《はな》され

顔《かお》は朱色《しゅいろ》に染《そ》まっていた

大《おお》まさかりのひと振《ふ》りで
男《おとこ》の首《くび》はコロンと落《お》ちた

コロンと落《お》ちてころがって
白《しろ》いお池《いけ》にボチャンと落《お》ちた

大《おお》まさかりは次々《つぎつぎ》と
男《おとこ》の首《くび》をはねてゆく
白《しろ》いお池《いけ》は血《ち》に染《そ》まり
ピンクの波《なみ》が泡立《あわだ》った

〈この世《よ》に神《かみ》はおられぬか〉
〈こんな非道《ひどう》があるものか〉

さてここに
大男《おおおとこ》がおりまして
池《いけ》にプカプカ浮《う》かぶ顔《かお》を
鉄《てつ》のスプーンで押《お》しつぶし
〈神《かみ》も仏《ほとけ》もあるものか〉
と
よだれたらたら目《め》はうるみ
砂糖《さとう》で少《すこ》し味《あじ》つけて
みんなペロリと食《た》べたとさ

（著者注《ちょしゃちゅう》）フランス革命《かくめい》の詩《し》と思《おも》う人《ひと》が続出《ぞくしゅつ》したので、「ただのイチゴ・ミルクのデザートの詩《し》です。」と言《い》っておきます。

肺病《はいびょう》やみの殿様蛙《とのさまがえる》

春《はる》の宵《よい》はなぜか悲《かな》しくて
肺病《はいびょう》やみの殿様蛙《とのさまがえる》は
窓《まど》の外《そと》をじっとみる
《ゲロ　ゲロ　ゲロ》
《ゲコ　ゲコ　ゲコ》
そんなふうにも鳴《な》けたらいいのに
肺胞《はいほう》が重苦《おもくる》しくて

殿様蛙《とのさまがえる》はじっと外《そと》をみる
落《お》ちくぼんだ目《め》
赤《あか》く充血《じゅうけつ》した目《め》
雨《あめ》が降《ふ》ったりやんだりしても
宵闇《よいやみ》に沈《しず》んだ世界《せかい》には
白《しろ》い雨足《あまあし》はみえはしない

向《む》かいにはバレエ団《だん》の建物《たてもの》があって
四階《よんかい》にだけなぜか灯《ひ》がともっている
《ワン・トゥー・スリー》

《ワン・トゥー・スリー》

規則正《きそくただ》しく床《ゆか》を踏《ふ》む音《おと》
若《わか》い女《おんな》の肢体《したい》
黒《くろ》い練習着《れんしゅうぎ》に息《いき》づく
もう一《ひと》つの青春《せいしゅん》

さながら
闇夜《やみよ》の海《うみ》に浮《う》かぶ豪華客船《ごうかきゃくせん》の
華《はな》やかな舞踏会《ぶとうかい》

肺病《はいびょう》やみの殿様蛙《とのさまがえる》は

それでも窓《まど》の外《そと》をじっとみる
落《お》ちくぼんだ目《め》
赤《あか》く充血《じゅうけつ》した目
白《しろ》い腹《はら》が殊更《ことさら》に白《しろ》くて
春《はる》の宵《よい》はなぜか悲《かな》しい

（著者注《ちょしゃちゅう》）下宿《げしゅく》の部屋《へや》のまむかいが貝谷《かいたに》バレエ団《だん》の練習場《れんしゅうじょう》だった。

猫《ねこ》

僕《ぼく》は猫《ねこ》の目《め》を視《み》た
猫《ねこ》は驚《おどろ》いたふうに僕《ぼく》を見《み》あげた
僕《ぼく》らは暫《しばら》くにらみあって
気《き》まずくなると目《め》をそらした

僕《ぼく》はまた猫《ねこ》の目《め》を視《み》た
猫《ねこ》は今度《こんど》は遠《とお》い記憶《きおく》を

さぐるような目《め》で僕《ぼく》を見《み》た

三度目《さんどめ》に僕《ぼく》が猫《ねこ》の目《め》を視《み》たとき
彼女《かのじょ》は何度《なんど》も何度《なんど》も視《み》てほしいと
せがむように僕《ぼく》を見返《みかえ》した

僕《ぼく》らの上《うえ》には
季節《きせつ》はずれの桜《さくら》が
ようやく咲《さ》きはじめた

ぼくの赤《あか》いバラ

帰《かえ》っておいで
ぼくの赤《あか》いバラ
沙《さ》漠《ばく》の中《なか》に一輪《いちりん》咲《さ》いた
ぼくのぼくの赤《あか》いバラ
お願《ねが》いだ
帰《かえ》っておいで
ぼくの赤《あか》いバラ

遠景《えんけい》の中《なか》の点景《てんけい》となって
一輪《いちりん》きり
ささやきを忘《わす》れた夕凪《ゆうなぎ》の沙漠《さばく》で
ポツンと立《た》ち尽《つ》くしている
ぼくの赤《あか》い赤《あか》いバラ

許《ゆる》しておくれ
さそりであるぼくは
尾《お》をふりあげて
懸命《けんめい》にきみの気《き》をひこうとするが

夕陽《ゆうひ》にうなだれたきみは
小《ちい》さな胸《むね》ばかりみつめて
やがて静《しず》かに目《め》を閉《と》じてしまった

許《ゆる》しておくれ
ぼくの赤《あか》いバラ
せめてぼくは
ひとに厭《いと》われる
あの不愉快《ふゆかい》な音《おと》をたてて
きみの目《め》を開《ひら》かせたものか

それとも
さらに尾《お》をふりあげて
ウンウンと力《ちから》の限《かぎ》り前足《まえあし》を突《つ》っぱり
黄昏《たそがれ》のロンドン橋《きょう》を演《えん》じてみせたものか

教《おし》えておくれ
ぼくの赤《あか》いバラ
教《おし》えておくれ
ぼくのぼくの赤《あか》い赤《あか》いバラ

いかに晶子《あきこ》

いかに晶子《あきこ》
ぼくらもともに語《かた》りましょう
初夏《しょか》の夕暮《ゆうぐ》れ肩《かた》を組《く》み
ぼくはカタカタ下駄《げた》ならし
きみもケタケタ笑《わら》いましょう

ぼくらはともに二十一《にじゅういち》

初《はじ》めて出会《であ》った日《ひ》のように
淋《さび》しさ知《し》らず知《し》らされず
悲《かな》しさ知《し》らず知《し》らされず
ふたりでケタケタ笑《わら》いましょう

たとえばきみの目《め》がうるみ
一番星《いちばんぼし》の映《うつ》るころ
ぼくはこっそり風《かぜ》となり
きみの涙《なみだ》を拭《ぬぐ》いましょう

いかに晶子《あきこ》
ともに楽《たの》しく歌《うた》いましょう
いかに晶子《あきこ》
ともに親《した》しくすわりましょう

たとえば農家《のうか》の庭先《にわさき》で
縁台将棋《えんだいしょうぎ》にうち興《きょう》じ
負《ま》けたひとりがパタパタと
うちわで風《かぜ》を送《おく》りましょう
きみはいつでもわざと負《ま》け

ぼくはいつでも大《おお》いばり
蚊《か》にかまれてもやせがまん
ゲラゲラゲラと大笑《おおわら》い

いかに晶子《あきこ》
ともに静《しず》かに歩《ある》きましょう
きみの浴衣《ゆかた》の袖《そで》とらえ
ぼくはメルヘン語《かた》りましょう
けれどもきみはよそ見《み》して
螢《ほたる》ばっかり見《み》ています

いかに晶子《あきこ》
初夏《しょか》の夕暮《ゆうぐ》れ肩《かた》を組《く》み
淋《さび》しさ知《し》らず知《し》らされず
悲《かな》しさ知《し》らず知《し》らされず
ぼくらもともに語《かた》りましょう
ふたりでともに笑《わら》いましょう

赤《あか》い眼《め》をした詩人《しじん》

赤《あか》い眼《め》をした詩人《しじん》
赤《あか》い眼《め》をした詩人《しじん》
黄色《きいろ》い眼《め》ではないのです
赤《あか》い眼《め》をした詩人《しじん》
赤《あか》い眼《め》をした詩人《しじん》
赤《あか》い眼《め》をした詩人《しじん》

傷《きず》つきやすくない詩人《しじん》なんて
この世《よ》にいるのでしょうか？

赤《あか》い眼《め》をした詩人《しじん》
やはり
青《あお》い眼《め》ではないのです
赤《あか》い眼《め》をした詩人《しじん》
なぜか
赤《あか》い眼《め》をした詩人《しじん》
なぜか　なぜか

赤《あか》い眼《め》をした詩人《しじん》

小《ちい》さな風景《ふうけい》

「お母《かあ》さんて小《ちい》さいのね」
ホームに降《お》り立《た》った少女《しょうじょ》は
母《はは》に肩《かた》を並《なら》べて
そうつぶやいた

母《はは》は目尻《めじり》にしわを寄《よ》せて
小《ちい》さくうなずき笑《わら》った

幸《しあわ》せそうに
満足《まんぞく》そうに

そして
少々誇《しょうしょうほこ》らしげに
少女《しょうじょ》のうなじを
上目《うわめ》づかいにたどっていった

秋《あき》の夕陽《ゆうひ》の明《あか》るい
井《い》の頭線《かしらせん》の

東松原駅《ひがしまつばらえき》の
小《ちい》さな風景《ふうけい》
だった

守宮《やもり》

「青春《せいしゅん》は豊《ゆた》かである」
なんて　一体《いったい》　誰《だれ》が決《き》めたのだろう
「青春《せいしゅん》は楽《たの》しい」
だなんて　一体《いったい》　誰《だれ》が決《き》めたのだろう
老寄《としよ》りどもは
頬《ほお》をひきつらせて笑《わら》い
さも当然《とうぜん》の如《ごと》く頷《うなず》き合《あ》うけれど

パイプから立《た》ちのぼる煙《けむり》は
「信《しん》じられない」
と　身《み》をくねらせる

僕《ぼく》は………
僕《ぼく》は青春《せいしゅん》のまっただ中《なか》
うす暗《ぐら》い天井《てんじょう》に
日《ひ》暮《ぐ》らしぺったりとくっついて
やもりのように息《いき》をひそめ
「幸福《こうふく》」というやつが通《とお》りかかったら

おもむろに吸盤《きゅうばん》の力《ちから》を抜《ぬ》いて
空中《くうちゅう》でくるっと一回転《いっかいてん》!
白《しろ》い腹《はら》をみせ
そいつの上《うえ》に飛《と》びおりるんだ

青春《せいしゅん》が豊《ゆた》かであるなんて
青春《せいしゅん》が楽《たの》しいだなんて
青春《せいしゅん》が苦悩《くのう》に満《み》ちているだなんて
青春《せいしゅん》が挫折《ざせつ》の連続《れんぞく》だなんて
僕《ぼく》は思《おも》わない　信《しん》じない

僕《ぼく》はやもり
重力《じゅうりょく》に逆《さから》って
天井《てんじょう》に
「オットットット」
ぶらさがる
さながら町《まち》の学者《がくしゃ》か何《なに》かのように
ひねもす思索《しさく》にふけり
「運命《うんめい》」って奴《やつ》に
出逢《であ》うのを待《ま》ってるんだ

海洋学者《かいようがくしゃ》のように

愛《あい》がそこにあるのに
僕《ぼく》は拾《ひろ》えない
愛《あい》がそこにあるのに
君《きみ》も拾《ひろ》わない

僕《ぼく》は潮騒《しおさい》の音《おと》を聴《き》きながら
遠《とお》く太平洋《たいへいよう》の果《は》てを考《かんが》えてみる

頬《ほお》ずりするやさしい風《かぜ》にも
僕《ぼく》はまゆ一《ひと》つ動《うご》かさない

君《きみ》は
君《きみ》はしばし蟹《かに》と戯《たわむ》れている
処女《むすめ》が蟹《かに》と戯《たわむ》れるなんて
平凡《へいぼん》だ！
と　心《こころ》の中《なか》で僕《ぼく》は君《きみ》をなじってみる
君《きみ》は
今度《こんど》は蟹《かに》を白《しろ》い素足《すあし》にはわせようとする

僕《ぼく》は
怒《おこ》って立《た》ちあがり
蟹《かに》を岩《いわ》にたたきつけたい衝動《しょうどう》に駆《か》られる

けれども
僕《ぼく》は動《うご》かない　動《うご》けない
彫塑《ちょうそ》のように　かたくなに
永遠《えいえん》の時《とき》を封《ふう》じ込《こ》めている

ああ

いまは
君《きみ》も蟹遊《かにあそ》びに飽《あ》きて
陽《ひ》だまりの中《なか》　うつらうつらしている
「あ」
「き」
「こ」
と　そっと呼《よ》んでみたいけれど
やはり僕《ぼく》は　海洋学者《かいようがくしゃ》のように
潮《しお》の流《なが》れを　眺《なが》めるだけだ

愛《あい》がそこにあるのに
僕《ぼく》は拾《ひろ》えない　拾《ひろ》わない
愛《あい》がそこにあるのに
君《きみ》も拾《ひろ》わない　拾《ひろ》えない
ああ
愛《あい》が確《たし》かに
そこにあるのに

第二部

詩《し》集《しゅう》

「天《てん》使《し》との対《たい》話《わ》」

（青春後期　二十七歳〜二十八歳）

愛《あい》

ただ
与《あた》えるだけでよいのだ
得《え》ようとするからこそ
苦《くる》しいのだ

幸福《こうふく》の卵《たまご》

愛《あい》は幸福《こうふく》の卵《たまご》
なぜなら愛《あい》とは与《あた》えること
与《あた》えることのできるあなたは
満《み》ちあふれているあなた
だからあなたは幸福《こうふく》
だから愛《あい》は幸福《こうふく》の卵《たまご》

愛《あい》と哲学《てつがく》

独《ひと》りで
いたいと思《おも》うことがあるのです
けれど
哀《かな》しきかな
愛《あい》は独《ひと》りにはしてくれない

かつてわが身《み》であり

いまは他人《たにん》となった
ああ
わが魂《たましい》の片《かた》われよ

独《ひと》りで
哲学者《てつがくしゃ》として生《い》きてゆきたいと
理性《りせい》のわが身《み》は切実《せつじつ》に思《おも》うのです
なのに
ああ
わが魂《たましい》の片《かた》われよ

汝《なんじ》の幻想《げんそう》は
わが哲学空間《てつがくくうかん》に去来《きょらい》してやまず

愛《あい》は引《ひ》きつけ合《あ》う力《ちから》
愛《あい》は結《むす》びつける力《ちから》
一体誰《いったいだ》れが
こんな力《ちから》を発明《はつめい》したのか
この目《め》にみえぬ力《ちから》は
引力《いんりょく》のような力《ちから》ではなくして
磁力《じりょく》のような力《ちから》でもって

わが身《み》と
わが片《かた》われの魂《たましい》とを
引《ひ》き寄《よ》せてやまない
人類《じんるい》への愛《あい》のために
築《きず》かんとするわが哲学空間《てつがくくうかん》
この哲学空間《てつがくくうかん》を
ねじまげんとする
ああ
この夢幻《むげん》の力《ちから》よ

わが愛《あい》は
かかる小《ちい》さき愛《あい》にあらず
わが愛《あい》は
大海《たいかい》をも
宇宙《うちゅう》をも呑《の》み干《ほ》す
大《おお》いなる愛《あい》

魂《たましい》の片《かた》われよ
しばし汝《なんじ》の磁力《じりょく》をとめよ

私《わたし》が地球儀《ちきゅうぎ》を
くるりと一回転《いっかいてん》させる
その日《ひ》
その時《とき》まで

悲《かな》しみの時《とき》

ひとよ
悲《かな》しみの時《とき》こそ強《つよ》くあれ
悲《かな》しみの時《とき》こそ気高《けだか》くあれ
悲《かな》しみは
神《かみ》の休息日《きゅうそくび》
その日《ひ》
愛《あい》の星《ほし》は凍《い》てついて

光《ひかり》は氷《こおり》の中《なか》に凝集《ぎょうしゅう》する
けれども
怖《おそ》れるな
愛《あい》の星《ほし》はいつしか
やさしい光《ひかり》をたたえて
神《かみ》の生命《いのち》をよみがえらせるのだ

ひとよ
悲《かな》しみの日《ひ》に打《う》ちひしがれるな
悲《かな》しみの日《ひ》にくじけるな

悲《かな》しみの日《ひ》には
慈母《じぼ》の微笑《ほほえみ》を思《おも》い出《だ》せ
あなたが
悲《かな》しみの底《そこ》をぶち抜《ぬ》いた時《とき》
あなたの闇《やみ》は光《ひかり》となって
あなたはやさしい
観世音菩薩《かんぜおんぼさつ》と変《へん》ずるのだ
その時《とき》
あなたの悲《かな》しみ抜《ぬ》いた心《こころ》が結晶《けっしょう》となって
世《よ》の光《ひかり》となって散《さん》ずるのだ

ひとよ
あなたもそうは思《おも》わないか
自《みずか》らが悲《かな》しみ抜《ぬ》かないで
他人《たにん》の悲《かな》しみを
わかりえたひとがかつていたろうか
自《みずか》らが悲《かな》しみの極《きわ》みを経《へ》ずして
他人《たにん》を真《しん》にいたわりえた人《ひと》がいようか

ああ

ひとよ
悲《かな》しみの時《とき》こそ強《つよ》くあれ
悲《かな》しみの時《とき》こそ気高《けだか》くあれ
悲《かな》しみの日《ひ》にこそ
力一杯《ちからいっぱい》に立《た》ち上《あ》がれ

その日《ひ》は
神《かみ》の栄光《えいこう》の日《ひ》
その時《とき》は神《かみ》の久遠《くおん》の時《とき》
その瞬間《しゅんかん》は

あなたの勝利《しょうり》の時《とき》なのだから

天使《てんし》との対話《たいわ》

天《てん》に声《こえ》ありて
我《われ》に問《と》う
汝《なんじ》、真《しん》に人《ひと》のために生《い》きうるや
汝《なんじ》、真《しん》に己《おの》れを捨《す》てて生《い》きうるや
我《われ》、天使《てんし》に答《こた》えて言《い》う
我《われ》、人《ひと》のために生《い》き
我《われ》、人《ひと》のために死《し》に

我《われ》、愛《あい》のために生《い》き
我《われ》、愛《あい》のために死《し》なんと

天《てん》に再《ふたた》び声《こえ》ありて
愛《あい》とは何《なん》ぞやと我《われ》に問《と》う
天使《てんし》よ、愛《あい》とは我《われ》なり
愛《あい》とは人《ひと》なり、我《われ》は人《ひと》なり、人《ひと》は我《われ》なり
我《われ》は愛《あい》なれば、人《ひと》もまた愛《あい》なり
愛《あい》は神《かみ》なれば、神《かみ》もまた愛《あい》なり

天使《てんし》再《ふたた》び来《き》たりて問《と》う
人間《ひと》はいかに生《い》くべきかと
我《われ》、天《てん》に向《む》かいて天使《てんし》に答《こた》う
人《ひと》を愛《あい》し
人《ひと》を生《い》かし
人《ひと》を許《ゆる》せ
これが我《わ》が信条《しんじょう》なりと

そこで天使《てんし》は更《さら》に問《と》う
人《ひと》を愛《あい》し、人《ひと》を生《い》かし、人《ひと》を許《ゆる》す

それで指針《ししん》は充《み》てるかと
我答《われこた》えて言《い》う
愛《あい》、生《せい》、許《きょ》、は第一《だいいち》の教《おし》えなり
しかして第二《だいに》の教《おし》えは
人《ひと》を信《しん》じ
世《よ》を信《しん》じ
神《かみ》を信《しん》じよ
ということなり
天使《てんし》このとき頷《うなず》けり

天使《てんし》よ、と我《われ》は言葉《ことば》つぐ
さらに第三《だいさん》の教《おし》えとは
至真《ししん》、至愛《しあい》、至聖《しせい》なりと
至真《ししん》は、真理《しんり》に至《いた》るということ
至愛《しあい》は、愛《あい》の極《きわ》みを知《し》るということ
至聖《しせい》は、清《きよ》く生《い》きるということ
これ全《すべ》て努力《どりょく》の教《おし》えなりと

天使《てんし》にこやかに我《われ》に問《と》いて言《い》う
真理《しんり》に至《いた》るとは何《なん》なるや

愛《あい》に至《いた》るとは何《なん》なるや
聖《せい》に至《いた》るとは何《なん》なるや
我《われ》、天使《てんし》に答《こた》う
真理《しんり》に至《いた》るとは、神《かみ》の法《ほう》を知《し》ることなり
この大宇宙《だいうちゅう》が神《かみ》の体《からだ》なることを知《し》ることなり
転生輪廻《てんしょうりんね》の法《ほう》を知《し》ることなり
愛《あい》に至《いた》るとは、愛《あい》のために愛《あい》するに非《あら》ず
人《ひと》のために愛《あい》するに非《あら》ず
神《かみ》のために人《ひと》を愛《あい》するなり
神《かみ》のために我《われ》を愛《あい》するなり

天使《てんし》、言葉《ことば》を続《つづ》けて問《と》う
されば聖《せい》に至《いた》るとは汝何《なんじなに》を意味《いみ》するや
我答《われこた》う
聖《せい》に至《いた》るとは、父《ちち》なる神《かみ》を慕《した》うこと
聖《せい》に至《いた》るとは、神《かみ》の御《み》もとに参《まい》ること
聖《せい》に至《いた》るとは、神《かみ》の子《こ》なる我《われ》に気《き》づくこと

ここで天使《てんし》、喜《よろこ》びて歌《うた》う
真理《しんり》は悟《さと》りの一段階《いちだんかい》

愛《あい》は悟《さと》りの二段階《にだんかい》
聖《せい》は悟《さと》りの三段階《さんだんかい》
悟《さと》りは神《かみ》に至《いた》る道《みち》
悟《さと》りは幸福《こうふく》に至《いた》る道《みち》
この世《よ》の苦《くる》しみ悲《かな》しみも
悟《さと》りに至《いた》る曲《まが》り道《みち》
悟《さと》りは神《かみ》の与《あた》えたる
至福《しふく》の王道《おうどう》、神《かみ》の道《みち》
この時《とき》、天使《てんし》に相和《あいわ》して
我《われ》も再《ふたた》び口《くち》ずさむ

真理《しんり》は悟《さと》りの一段階《いちだんかい》
愛《あい》は悟《さと》りの二段階《にだんかい》
聖《せい》は悟《さと》りの三段階《さんだんかい》
そして悟《さと》りは神《かみ》の道《みち》
懐《なつ》かしき、故郷《ふるさと》の道《みち》、母《はは》の胸《むね》と

愛《あい》の星《ほし》

一人《ひとり》を幸《しあわ》せにするだけで
世界《せかい》はそれだけ明《あか》るくなる
一人《ひとり》が幸《しあわ》せになるだけで
地球《ちきゅう》はそれだけ輝《かがや》いてくる

ああ
この限《かぎ》りなくいとしい

愛《あい》の星《ほし》　地球《ちきゅう》
この限《かぎ》りなく懐《なつ》かしい
愛《あい》の星《ほし》　地球《ちきゅう》

いつかは
この愛《あい》の星《ほし》を去《さ》る時《とき》が来《く》るのだ
この私《わたし》も
そこにいるあなたも
無心《むしん》に戯《たわむ》れる幼《おさ》な子《ご》たちも
この愛《あい》の星《ほし》に

思《おも》い出《で》だけを残《のこ》して
去《さ》ってゆく時《とき》が来《く》るのだ

父《ちち》や母《はは》
兄《あに》や妹《いもうと》
先生《せんせい》や級友《きゅうゆう》たち
緑《みどり》なす故郷《こきょう》の山々《やまやま》
銀色《ぎんいろ》に光《ひか》る川面《かわも》
鉄棒《てつぼう》が小《ちい》さく見《み》える小学校《しょうがっこう》の校庭《こうてい》
思《おも》い出《で》の種《たね》は尽《つ》きない

ああ
地球《ちきゅう》が小《ちい》さく見《み》える
小《ちい》さな青《あお》い星《ほし》が眼下《がんか》にはるか
くるくると廻《まわ》っている

この限《かぎ》りなくいとしい
愛《あい》の星《ほし》　地球《ちきゅう》
この限《かぎ》りなく懐《なつ》かしい
愛《あい》の星《ほし》　地球《ちきゅう》

一人《ひとり》を幸《しあわ》せにするだけで
世界《せかい》はそれだけ明《あか》るくなる
一人《ひとり》が幸《しあわ》せになるだけで
地球《ちきゅう》はそれだけ輝《かがや》いてくる

そのことだけを
伝《つた》えるために
はるかに
この星《ほし》へと

生《う》まれ落《お》ちた
私《わたし》！

夢《ゆめ》人《にん》間《げん》

あなたはご存知《ぞんじ》だろうか
この世《よ》に
夢人間《ゆめにんげん》といわれる種族《しゅぞく》があることを

夢人間《ゆめにんげん》は国籍《こくせき》を問《と》わない
夢人間《ゆめにんげん》は性別《せいべつ》を問《と》わない
夢人間《ゆめにんげん》は

夢《ゆめ》を夢《ゆめ》みて生《い》きている
ただそれだけが
夢人間《ゆめにんげん》を他種族《たしゅぞく》の人間《にんげん》と区別《くべつ》する印《しるし》

地動説《ちどうせつ》を唱《とな》えたのも
世界一周《せかいいっしゅう》をなしとげたのも
幸福論《こうふくろん》を書《か》いたのも
千年王国《せんねんおうこく》を目指《めざ》したのも
蒸気機関《じょうききかん》を発明《はつめい》したり
月《つき》ロケットを飛《と》ばしたのも

みんなみんな
われら夢人間《ゆめにんげん》の仕組《しく》んだこと
けれど
夢人間《ゆめにんげん》は名乗《なの》らない
他《た》の夢人間《ゆめにんげん》の仕事《しごと》も
ちゃんと知《し》っているんだけど
夢人間同志《ゆめにんげんどうし》は名乗《なの》りあわないことになっている
ただフィーリングで
こいつきっと夢人間《ゆめにんげん》だなってわかるのさ

だから
あなたも時折《ときおり》自問《じもん》してほしいのだ
自分《じぶん》が夢《ゆめ》を夢《ゆめ》みて生《い》きているかどうかを
あなたが
夢《ゆめ》を夢《ゆめ》みる夢人間《ゆめにんげん》ならば
あなたは仲間《なかま》
きっとわれらに知《し》らせてほしい
一騎当千《いっきとうせん》の夢人間《ゆめにんげん》こそ
真《しん》の夢人間《ゆめにんげん》
諸手《もろて》をあげて

大歓迎《だいかんげい》だ

小《ちい》さな願《ねが》い

この私《わたし》にも
小《ちい》さな願《ねが》いがあるのです
高《たか》き理想《りそう》をもって
一生《いっしょう》を生《い》きてみたいという
小《ちい》さな願《ねが》い――。
少《すこ》しでも世《よ》の中《なか》の人々《ひとびと》のために
尽《つ》くしてみたいという

郵便はがき

料金受取人払郵便

赤坂局
承認

9654

差出有効期間
2023年 3 月
9 日まで
(切手不要)

1 0 7 - 8 7 9 0

112

東京都港区赤坂2丁目10−8
幸福の科学出版(株)
愛読者アンケート係 行

フリガナ お名前	男・女	歳
ご住所 〒 都道府県		
お電話( ) −		
ご職業 ①会社員 ②会社役員 ③経営者 ④公務員 ⑤教員・研究者 ⑥自営業 ⑦主婦 ⑧学生 ⑨パート・アルバイト ⑩他( )		
弊社の新刊案内メールなどをお送りしてもよろしいですか?(はい・いいえ)		
e-mail アドレス		

愛読者プレゼント☆アンケート

『青春詩集 愛のあとさき』のご購読ありがとうございました。
今後の参考とさせていただきますので、下記の質問にお答えください。
抽選で幸福の科学出版の書籍・雑誌をプレゼント致します。
（発表は発送をもってかえさせていただきます）

1 本書をどのようにお知りになりましたか？

① 新聞広告を見て ［新聞名： ］
② ネット広告を見て［ウェブサイト名： ］
③ 書店で見て ④ ネット書店で見て ⑤ 幸福の科学出版のウェブサイト
⑥ 人に勧められて ⑦ 幸福の科学の小冊子 ⑧ 月刊「ザ・リバティ」
⑨ 月刊「アー・ユー・ハッピー？」 ⑩ ラジオ番組「天使のモーニングコール」
⑪ その他（ ）

2 本書をお読みになったご感想をお書きください。

3 今後読みたいテーマなどがありましたら、お書きください。

ご感想を匿名にて広告等に掲載させていただくことがございます。ご記入いただきました個人情報については、同意なく他の目的で使用することはございません。

ご協力ありがとうございました！

小《ちい》さな願《ねが》い――。
心貧《こころまず》しき人々《ひとびと》の心《こころ》に
希望《きぼう》のローソクの火《ひ》を灯《とも》してみたいという
小《ちい》さな願《ねが》い――。
愛《あい》というものをしっかり勉強《べんきょう》して
愛《あい》の教師《きょうし》として
人々《ひとびと》に愛《あい》を語《かた》ってみたいという
小《ちい》さな願《ねが》い――。
悲《かな》しむことよりも
喜《よろこ》ぶことの方《ほう》が

何倍《なんばい》もすばらしいことなのだと
人々《ひとびと》に大声《おおごえ》で告《つ》げて回《まわ》りたい
小《ちい》さな願《ねが》い――。
勇気《ゆうき》をもって生《い》きることが
どんなに輝《かがや》いてみえるかを
手《て》のひらをひろげるように
人々《ひとびと》に示《しめ》してみたい
小《ちい》さな願《ねが》い――。
そして
私《わたし》たち人間《にんげん》が

神《かみ》の子《こ》であることを信《しん》じあうことの
無上《むじょう》の喜《よろこ》びを
一人一人《ひとりひとり》の人《ひと》に
天使《てんし》のように軽《かろ》やかに
ささやいてもみたい
そんな
とてもとても
小《ちい》さな願《ねが》い――。
そんな願《ねが》いのために
生《い》きてみたいと思《おも》うのです

幸福新聞《こうふくしんぶん》

ねえ　だれか
幸福新聞《こうふくしんぶん》を始《はじ》めてみませんか
幸福《こうふく》でみちみちた新聞《しんぶん》
悪《わる》い記事《きじ》など一《ひと》つもない新聞《しんぶん》
一《いち》ページ目《め》から最終《さいしゅう》ページまで
喜《よろこ》びと
希望《きぼう》と

明《あか》るさと
幸《しあわ》せとで
満載《まんさい》になった新聞《しんぶん》

毎朝第一《まいあさだいいち》ページ目《め》をめくると
まぶしい朝《あさ》の光《ひかり》が
飛《と》び出《だ》してくるような新聞《しんぶん》

ねえ　だれか
そんな幸福新聞《こうふくしんぶん》を

私《わたし》と一緒《いっしょ》に
創《つく》ってみませんか

風鈴《ふうりん》とリンカーン

リーン　リーン
と鳴《な》る風鈴《ふうりん》の音《ね》に
ふと　リンカーンを思《おも》い出《だ》した

あれは二年前《にねんまえ》の秋《あき》
ボストンへの旅《たび》
白《しろ》いリンカーンの坐像《ざぞう》の前《まえ》で

ブルーミングデールで買《か》った
七十九《ななじゅうきゅう》ドルのグレーのセーターと
大学生協《だいがくせいきょう》で買《か》ったはずの
一万円《いちまんえん》のこげ茶《ちゃ》のトレンチコートとを
羽織《はお》った私《わたし》が
一枚《いちまい》の写真《しゃしん》の中《なか》に納《おさ》まっている

写真《しゃしん》の中《なか》の私《わたし》は
やや青白《あおじろ》い顔《かお》をして
リンカーンに負《ま》けない

面長《おもなが》な顔《かお》をつくってみせている

あの時《とき》
確《たし》かに私《わたし》は思《おも》ったのだ
「リンカーンよ
あなたの理想《りそう》は偉大《いだい》だった
けれども
あなたは肉《にく》の身《み》の奴隷《どれい》を
解放《かいほう》したにすぎない
この私《わたし》は

真理《しんり》の力《ちから》をもって
精神《せいしん》の奴隷《どれい》を
解放《かいほう》してみせるぞ」
と。

あれから二年《にねん》経《た》った
私《わたし》は真理《しんり》の力《ちから》で
自分一人《じぶんひとり》をも解放《かいほう》できないでいる
けれども
私《わたし》の心《こころ》の中《なか》では

写真《しゃしん》の中《なか》のリンカーンの坐像《ざぞう》と
凛《りん》として立《た》っている
私《わたし》の姿《すがた》とが
永遠《えいえん》に
競《きそ》い続《つづ》けている

聖《せい》少《しょう》女《じょ》

わたし　知《し》っているんです
あなたが　わたしのことを
好《す》きだってこと
けれど
わたし　知《し》っているんです
あなたの好《す》きなわたしって
いいところだらけのわたしで

美《うつく》しく見《み》える時《とき》だけのわたしで
汚《けが》れのないわたしであることを

でも　買《か》いかぶらないでください

わたしって
そんなすてきな女性《じょせい》じゃないんです
鏡《かがみ》に映《うつ》ったわたしの横顔《よこがお》
あんまりきれいじゃないなって思《おも》うんです
心《こころ》の中《なか》では
あなたのことを悪《わる》く思《おも》っていることだって

時々《ときどき》はあるんです
だって　あなたって
わたしが誘《さそ》ってほしい時《とき》に
ちっとも誘《さそ》ってくださらないし
わたしがお電話《でんわ》してほしい時《とき》に
いつもきまって知《し》らんぷりしてるし
わたしが　あなたに悪《わる》いことをしたと
反省《はんせい》している時《とき》にかぎって
ほかの女性《じょせい》に仲良《なかよ》く話《はな》しかけるんですもの

わたし　知《し》っているんです
あなたが　わたしのことを
好《す》きだってこと
けど　わたし気《き》がついたんです
あなたが迷《まよ》っていらっしゃること
あなたが私《わたし》に結婚《けっこん》を申《もう》し込《こ》むことを
迷《まよ》っていらっしゃることを
そのわけはたぶん
一《ひと》つはわたしが男《おとこ》の人《ひと》と
待《ま》ち合《あ》わせしていたのを

見《み》つかったからでしょうし
もう一《ひと》つはたぶん
あなたにお会《あ》いする前《まえ》に
つきあっていた男性《だんせい》のことを
耳《みみ》にされたんだと思《おも》うんです

きっと　そうだと思《おも》うんです
あなたは　わたしが
処女《しょじょ》かどうかって疑《うたが》ってらっしゃるんだわ
あなたの鋭《するど》い眼《め》

わたしの
過去《かこ》も
現在《げんざい》も
未来《みらい》も
見通《みとお》しているような
あなたの鋭《するど》い眼《め》
時々《ときどき》
わたしを責《せ》めてらっしゃるように見《み》える
あなたのキラリと光《ひか》る眼《め》

でも　わたし
絶対《ぜったい》に教《おし》えません
わたしが処女《しょじょ》かどうかなんて
口《くち》が裂《さ》けても教《おし》えません

だって　あなたってひとは
わたしが処女《しょじょ》じゃないって言《い》ったら
きっと大上段《だいじょうだん》に振《ふ》りかぶって
「僕《ぼく》は君《きみ》を許《ゆる》すよ。」
なんておっしゃるにちがいないし

わたしが処女《しょじょ》だって答《こた》えたら
きっと小娘《こむすめ》だと思《おも》って
見《み》くびったりするんですもの

だから　わたし
絶対《ぜったい》に教《おし》えません
わたしが処女《しょじょ》かどうかなんて
天地《てんち》が裂《さ》けても教《おし》えません
マリア様《さま》に誓《ちか》って
死《し》んでも教《おし》えません

だって　あなたって
「愛《あい》は信頼《しんらい》に始《はじ》まるべきであって
疑《うたが》いに始《はじ》まるべきではない。」
なんて
哲学者《てつがくしゃ》みたいなことを
おっしゃるんですもの

だから　わたし
どうしても教《おし》えられません

わたしが処女《しょじょ》かどうかなんて
だって
あなたを裏切《うらぎ》りたくないんですもの
だって
あなたにもっと愛《あい》されたいんですもの
「どんなに愛《あい》しても
愛《あい》したりなかった。」と
いつかあなたの口《くち》から
言《い》わせてみたいんですもの

虜《とりこ》

かわいそうな魂《たましい》よ
おまえは
甘酢《あまず》っぱい香《かお》りに誘《さそ》われて
またしてもこの小部屋《こべや》に引《ひ》き寄《よ》せられてきたのか
くいいるような眼《め》で
おまえが見《み》おろしているともしらず

男《おとこ》と女《おんな》が
永遠《えいえん》の反復《はんぷく》を繰《く》り返《かえ》している
ひと時《とき》の快楽《かいらく》のため
男《おとこ》と女《おんな》の体《からだ》は
上《うえ》となり
下《した》となり
エデンの園《その》で
かつて蛇《へび》が
私《わたし》を誘惑《ゆうわく》した時《とき》のように
身《み》をくねらせている

かわいそうな魂《たましい》よ
幾百年《いくひゃくねん》の歳月《さいげつ》の流《なが》れも
おまえには無縁《むえん》であった
おまえは永遠《えいえん》の情欲《じょうよく》の時《とき》を生《い》きてきたのだ
既《すで》に肉体《にくたい》を失《うしな》ったおまえは
ひとの身《み》を借《か》りて
遂《と》げえなかった欲望《よくぼう》を
はらそうとしている

ああ
おまえはこの小部屋《こべや》から
のがれ出《で》ることはできないのか
男《おとこ》と女《おんな》の営《いとな》みが続《つづ》く限《かぎ》り
おまえはこの魂《たましい》の牢獄《ろうごく》から
のがれ出《で》ることはできないのか

かわいそうな魂《たましい》よ
おまえはかつて
自分《じぶん》が野原《のはら》で仔牛《こうし》と戯《たわむ》れたことを

憶《おぼ》えているか
おまえはかつて
レンゲの花《はな》の強《つよ》いにおいの中《なか》で
蜂《はち》の羽《は》音《おと》を近《ちか》くに聞《き》いたことを
憶《おぼ》えているか
おまえは
田《た》畑《はた》を流《なが》れる水路《すいろ》に
足《あし》をひたした時《とき》の冷《つめ》たさを
憶《おぼ》えているか
おまえは

父《ちち》や母《はは》や
級友《きゅうゆう》たちに
限《かぎ》りなく愛《あい》された時《とき》のことを
月《つき》にウサギが棲《す》んでいると
信《しん》じていた時《とき》のことを
天《あま》の川《がわ》の神秘《しんぴ》に目《め》を見張《みは》った時《とき》のことを
憶《おぼ》えているか

あわれな魂《たましい》よ
情欲《じょうよく》の想《おも》いを去《さ》るためには

子供《こども》の時《とき》の自分《じぶん》に還《かえ》ることだ
とらわれの身《み》から
自由《じゆう》になるためには
大自然《だいしぜん》へと旅立《たびだ》つことだ
そして
男《おとこ》と女《おんな》が創《つく》られる以前《いぜん》の
天地《てんち》の創造《そうぞう》へと
思《おも》いを馳《は》せてゆくことだ

ああ

本当《ほんとう》の自由《じゆう》とは
情欲《じょうよく》にのめり込《こ》む自由《じゆう》ではなくて
情欲《じょうよく》を乗《の》りこえる自由《じゆう》なのだ

かわいそうな魂《たましい》よ
限《かぎ》りなく自由《じゆう》な
おまえに
立《た》ち戻《もど》ってゆけ
エデンに
蛇《へび》が忍《しの》び込《こ》む以前《いぜん》のおまえにと

立《た》ち戻《もど》ってゆけ

イノセント・イヴ

ああ還《かえ》りたい
あの愛《あい》の日々《ひび》に還《かえ》りたい
私《わたし》がアダムと呼《よ》ばれ
唯独《ただひと》りの恋人《こいびと》
イヴと共《とも》に楽《たの》しく暮《く》らした日々《ひび》

エデンの園《その》には

小《ちい》さな岩清水《いわしみず》が吹《ふ》き出《だ》し
イヴは子供《こども》のように
水《みず》の冷《つめ》たさにはしゃぎまわっていた
イノセント・イヴ！
イヴは何《なに》も知《し》らなかった
エデンの岩清水《いわしみず》が
ナイルに注《そそ》ぎ込《こ》んでいることも
エデンの園《その》が
デルタといわれる
エジプトの三角洲《さんかくす》にあったことも

エデンが緑《みどり》なす沃地《よくち》にあることが
ひと時《とき》の恵《めぐ》みであって
やがて砂漠《さばく》となってゆくことも

イノセント・イヴ！
イヴは何《なに》も知《し》らなかった
イヴはただ
私《わたし》の言葉《ことば》だけを信《しん》じ
私《わたし》の愛《あい》だけを頼《たよ》りに生《い》きていた

楽《たの》しかったねイヴ
あの頃《ころ》は本当《ほんとう》に楽《たの》しかった
おまえはよく粘土《ねんど》をこねては
神様《かみさま》が私《わたし》たちを創《つく》られたように
象《ぞう》やライオンを創《つく》ったり
かわいいお城《しろ》を創《つく》ったりした
私《わたし》が追《お》いかけてゆくと
おまえはきまって
いつもの木立《こだ》ちの中《なか》に逃《に》げ込《こ》み
大《おお》きな愛《あい》くるしい瞳《ひとみ》と

長《なが》い黒髪《くろかみ》が
木漏《こも》れ日《び》を浴《あ》びて
輝《かがや》いていた

イヴ！
知《し》っているかい
あれから三億年《さんおくねん》の月日《つきひ》が
流《なが》れていったのだよ
イヴ！
いま私《わたし》は独《ひと》りで生《い》きているのだよ

私《わたし》たちのエデンは
熱砂《ねっさ》に埋《う》もれて
私《わたし》は蜃気楼《しんきろう》のゆらめく中《なか》
千年《せんねん》を一日《いちじつ》の如《ごと》く
独《ひと》りで生《い》きているのだよ

イヴ！
ああ還《かえ》りたい
あの愛《あい》の日々《ひび》に還《かえ》りたい
私《わたし》たちのエデンで

おまえと一緒《いっしょ》に
愛《あい》を語《かた》り続《つづ》けてみたい
いつまでも
限《かぎ》りなく

タロット占《うらな》い

タロット占《うらな》いの女《おんな》は
上目《うわめ》がちに私《わたし》を見上《みあ》げると
笑《わら》った

赤《あか》いレースのワンピース
黒曜石《こくようせき》のような瞳《ひとみ》が
しっとりとぬれて

誘惑《ゆうわく》するような甘《あま》いまつ毛《げ》が
私《わたし》を引《ひ》き寄《よ》せる

「結婚《けっこん》ですか。」

「そうです。」

「一年先《いちねんさき》までしかわかりませんが。」

それでもいいと
私《わたし》はうなずいた

女《おんな》は目《め》を閉《と》じると
霊感《れいかん》を待《ま》つようにして
やがてカードを切《き》り始《はじ》めた

白《しろ》い指先《ゆびさき》が
私《わたし》の目《め》の前《まえ》で
右《みぎ》へ左《ひだり》へと廻《まわ》ってゆく
長《なが》い爪《つめ》の先《さき》の
ほのかなピンク色《いろ》の光《ひかり》を
私《わたし》の目《め》が追《お》ってゆく

ああ　この女《ひと》も
いい女《おんな》だなあ
と　男《おとこ》の身《み》が思《おも》う

「来年《らいねん》の春《はる》から先《さき》にきっと――。」
と　女占《おんなうらな》い師《し》は言葉《ことば》を切《き》った
見《み》ている　この女《おんな》は
カードではなくこの私《わたし》を
占《うらな》い師《し》としてではなく女《おんな》として

女《おんな》の直感《ちょっかん》が私《わたし》を見《み》すえている

「いいひとがもういらっしゃるのではないですか。」

私《わたし》はただ笑《わら》って答《こた》えない

「自分《じぶん》の第一印象《だいいちいんしょう》を大切《たいせつ》に――。」

「ひとの言葉《ことば》に左右《さゆう》されてはだめ――。」

「あなたはもっと強《つよ》い人《ひと》のはず。自信《じしん》をもって。」

凛《りん》としたものがにじみ出《だ》さなければだめだわ――。」

二十五《にじゅうご》、六《ろく》だろうか
この若《わか》い占《うらな》いの女《おんな》は
ためらいがちに
足《あし》を組《く》みかえる仕草《しぐさ》に
あの時《とき》のあなたを思《おも》い出《だ》す

ジプシー占《うらな》いの女《おんな》よ
恋《こい》に悩《なや》んでいるのは

おまえ自身《じしん》ではないのか

「あなたの結婚《けっこん》する女性《じょせい》は自分《じぶん》の世界《せかい》を持《も》っている人《ひと》。
その人《ひと》の世界《せかい》を理解《りかい》するのにたぶん時間《じかん》がかかるわ――。」

女《おんな》は言葉《ことば》を続《つづ》ける

「タロット占《うらな》いはこれ以上《いじょう》を語《かた》りません。
けれど、一言《ひとこと》申《もう》し上《あ》げると、あなたはお人好《ひとよ》しですね。
あなたは人《ひと》を愛《あい》そうとしています。
人《ひと》のために尽《つ》くそうとしています。

だけど、人《ひと》を押《お》しのけてでも
自分《じぶん》が幸《しあわ》せになろうとしなければ
幸《しあわ》せはやって参《まい》りません。
もっと自分《じぶん》を大切《たいせつ》になさって下《くだ》さい。
そして、あたしは——、
いえ、女《おんな》というものは、
時《とき》に激《はげ》しく奪《うば》い取《と》るような愛《あい》を待《ま》っているのですよ。」

占《うらな》いが終《お》わって
女《おんな》はうるんだ目《め》で私《わたし》を見《み》つめる

女占い師《おんなうらなし》が
ただの女《おんな》に変《か》わる瞬間《しゅんかん》
彼女《かのじょ》はそっと
一枚《いちまい》のカードを
両《りょう》の手《て》で包《つつ》み込《こ》んだ

青春《せいしゅん》の終《お》わり

青春《せいしゅん》がまた一《ひと》つ
流《なが》れ落《お》ちていった
ぼ
く
の
せ
い

し
ゅ
ん
恋《こい》が終《お》わるとき
青春《せいしゅん》もまた終《お》わるのだ

流《なが》れてゆく
ああ
流《なが》れてゆく
精霊流《しょうろうなが》しのように

小《ちい》さな朱《あか》い燈《ひ》をつけて
ぼくの恋《こい》が
夜《よる》の河《かわ》の中《なか》を流《なが》れてゆく
流《なが》れないのは
ただぼく自身《じしん》
暗《くら》い岩《いわ》の上《うえ》に佇《たたず》んで
流《なが》れていった幾《いく》つかの
朱《あか》い燈《ひ》を見送《みおく》っている

おまえに巡《めぐ》り逢《あ》ったのは

まだ肌寒《はだざむ》かった頃《ころ》のこと
かわいい女《おんな》だと思《おも》った
妹《いもうと》のような女《おんな》だと思《おも》った
いい恋人《こいびと》に仕立《した》てあげたいと願《ねが》った

ぼくはもう
あの時《とき》のぼくではなく
おまえももう
あの時《とき》のおまえではない
おまえはもう

成熟《せいじゅく》した女性《じょせい》として
男《おとこ》の愛《あい》を受《う》け容《い》れようとしている

男《おとこ》のごつごつした手《て》が
おまえの肩《かた》を抱《だ》き寄《よ》せるのが見《み》える
男《おとこ》の煙草《たばこ》臭《くさ》い口唇《くちびる》が
おまえの口唇《くちびる》を奪《うば》うのが見《み》える

恋《こい》の恐《おそ》るべき瞬間《しゅんかん》
愛《あい》しても愛《あい》しても

おまえと結婚《けっこん》することはあるまいと
運命《うんめい》の宣告《せんこく》が
予感《よかん》のように
ぼくの脳天《のうてん》をぶち抜《ぬ》く時《とき》
恋《こい》の埋葬《まいそう》が始《はじ》まるのだ

去《さ》ってゆくがいい
与《あた》えられるだけのものを
ぼくはおまえに与《あた》え切《き》ったのだ
ぼくは何物《なにもの》も要《い》らない

おまえの優《やさ》しい言葉《ことば》も
おまえの愛《あい》くるしいまなざしも
おまえの肉体《にくたい》も
おまえの心《こころ》も
おまえの魂《たましい》も
ぼくは要《い》らない

与《あた》え切《き》ったという記憶《きおく》だけが
ただ一《ひと》つのぼくのものなのだ

言《い》っておくが
ぼくは神様《かみさま》ではない
記憶《メモリアル》の図書館《としょかん》のただの管理人《かんりにん》さ
青春《せいしゅん》が一《ひと》つ
流《なが》れ落《お》ちるたびに
ていねいに
ファイルに綴《と》じ込《こ》んでいる
それがぼくの仕事《しごと》なのさ

二十歳《はたち》

二十歳《はたち》までは
楽《たの》しいことが
多《おお》かった

二十歳《はたち》を過《す》ぎると
悲《かな》しいことが
多《おお》くなった

ただ
それだけの
こと！
なのだが

夢《ゆめ》

天国《てんごく》の夢《ゆめ》を
見《み》なくなって久《ひさ》しい
いつもいつも
繰《く》り返《かえ》し見《み》るのは
地獄《じごく》の夢《ゆめ》
同《おな》じ暗《くら》い夜道《よみち》を
歩《ある》くのではなく

羽《は》ばたきながら
限《かぎ》りなく低《ひく》く
飛《と》んでいる私《わたし》
と
鬼《おに》どもが出《で》てきて
私《わたし》の足《あし》をつかみ
ひきずりおろそうと
するのだ

ああ

それから先《さき》が
わからない

愛《あい》ふたたび

引《ひ》いていった波《なみ》が
やがて押《お》し返《かえ》してくるように
一度《いちど》引《ひ》いていった愛《あい》が
また押《お》し寄《よ》せてくる

愛《あい》ふたたび――
愛《あい》は一度《いちど》では終《お》わらない

終《お》わらない
終《お》わらない
愛《あい》は一度《いちど》では終《お》わらない

塩《しお》を含《ふく》んだ波《なみ》が
ひたひたと海辺《うみべ》へと迫《せま》りくるように
愛《あい》ふたたび――
信《しん》ずる者《もの》のところへ
愛《あい》はまた

押《お》し寄《よ》せてくる

存在《そんざい》の愛《あい》

愛《あい》となれ
愛《あい》となれ
存在《そんざい》の愛《あい》となれ

愛《あい》そのものが存在《そんざい》し
存在《そんざい》そのものが愛《あい》であるかのような
限《かぎ》りなくすばらしいあなたへと

天翔《あまか》けてゆけ

愛《あい》そのものが
あなたの生《い》きてゆく糧《かて》であるように
あなたそのものが存在《そんざい》の愛《あい》となって
人々《ひとびと》の日々《ひび》の糧《かて》となれ
人々《ひとびと》の太陽《たいよう》となれ
そして隈《くま》なく
世《よ》の光《ひかり》として
地上《ちじょう》を照《て》らしてゆけ

ありがとうの一言《ひとこと》

ありがとうの一言《ひとこと》が
ためらいもなく流《なが》れ出《だ》し
ありがとうの一言《ひとこと》が
澄《す》み切《き》った秋空《あきぞら》に
こだましていった時《とき》
幸《しあわ》せになった
私《わたし》

ありがとう

一隅《いちぐう》を照《て》らせ

一隅《いちぐう》を照《て》らせ
一隅《いちぐう》を照《て》らせ
あなたの家庭《かてい》の
あなたの職場《しょくば》の
あなたの町《まち》の
あなたの国《くに》の
一隅《いちぐう》を照《て》らせ

たといその名《な》は残《のこ》らずとも
たといその身《み》は朽《く》ち果《は》つるとも
たとい事業《じぎょう》は潰《つい》えても

されど
一隅《いちぐう》を照《て》らせ
あなたの
たまゆらの生命《いのち》のある限《かぎ》り
ほのかにも照《て》らせ

一隅《いちぐう》を照《て》らせ

預《よ》言《げん》者《しゃ》

神《かみ》の乳房《ちぶさ》にむしゃぶりついて
思《おも》いきり乳《ちち》をすってみたい
神《かみ》は私《わたし》の残《のこ》した小《ちい》さな歯跡《はあと》を
微笑《ほほえみ》をもって眺《なが》められるにちがいない

神《かみ》よ神《かみ》
あなたのひざの上《うえ》に

かき上《あ》がるようにして
あなたの胸《むね》のふくらみの間《あいだ》に
この顔《かお》を埋《うず》めてみたい
あなたの白《しろ》いその胸《むね》を
私《わたし》の涙《なみだ》の筋《すじ》で光《ひか》らせてみたい

神《かみ》よ
幼《おさ》な子《ご》のように
私《わたし》は泣《な》きじゃくってもみたいのです
なぜに

あなたの暖《あたた》かい御胸《みむね》から引《ひ》き離《はな》して
この幼《おさ》な子《ご》をこの世《よ》に遣《つか》わしたのですか

神《かみ》よ
あなたの幼《おさ》な子《ご》を
まだ乳《ちち》の恋《こい》しい幼《おさ》な子《ご》を
なぜ危険《きけん》と誘惑《ゆうわく》で一杯《いっぱい》の
北風《きたかぜ》と砂《すな》ぼこりで一杯《いっぱい》の
この地上《ちじょう》に置《お》き去《ざ》りにされたのですか

神《かみ》よ
あなたの幼《おさ》な子《ご》は
まだ一人《ひとり》では生《い》きてゆけないのです

神《かみ》よ
あなたの幼《おさ》な子《ご》は
並《な》み居《い》る悪魔《あくま》の頭領《とうりょう》たちに
打《う》ち克《か》つまでに
大人《おとな》になってはいないのです

神《かみ》よ神《かみ》
私《わたし》が自《みずか》らの使命《しめい》を予感《よかん》したのは
二十一歳《にじゅういっさい》の時《とき》でした
おそらくは
永遠《えいえん》なるもののために
奉仕《ほうし》する一生《いっしょう》になろうと
若《わか》い日《ひ》の私《わたし》は夢《ゆめ》みたのです

けれども神《かみ》よ
他《ほか》にも道《みち》はあったはず

たとえばあなたが
ミレーという画家《がか》に
一生涯《いっしょうがい》絵《え》を画《か》かせたように
誰《だ》れの目《め》にもわかる美《うつく》しいもののために
一生《いっしょう》を捧《ささ》げたら
私《わたし》の人生《じんせい》も絵《え》のようでしょう

たとえばあなたが
モーツァルトという人《ひと》に

作曲《さっきょく》を運命《うんめい》として命《めい》じたように
美《うつく》しい調《しら》べを生《う》み出《だ》すことを
一生《いっしょう》の仕事《しごと》としたならば
自他《じた》ともに私《わたし》の人生《じんせい》は
意義《いぎ》のあるものとして認《みと》められたでしょう

たとえばあなたが
ニュートンという人《ひと》に命《めい》じて
物理学《ぶつりがく》の基礎《きそ》を創《つく》らせたように
私《わたし》に命《めい》じて

学問《がくもん》の基礎《きそ》を創《つく》らせたならば
私《わたし》は世《よ》の尊敬《そんけい》をも集《あつ》めたでしょう

しかし神《かみ》よ
あなたが二十四歳《にじゅうよんさい》の私《わたし》に
お命《めい》じになったことは
預言者《よげんしゃ》となることでした
ひとは一口《ひとくち》に
召命《しょうめい》とでも言《い》うのでしょう
この世的《よてき》に

うまうまと生《い》きていこうとする
私《わたし》の企《くわだ》てを
あなたはものの見事《みごと》に次々《つぎつぎ》と
打《う》ち破《やぶ》り打《う》ち破《やぶ》り
強力《きょうりょく》な一条《いちじょう》の光《ひかり》によって
私《わたし》の知性《ちせい》の砦《とりで》をも打《う》ち砕《くだ》いてしまわれた

神《かみ》よ神《かみ》
いまの世《よ》に預言者《よげんしゃ》として生《い》きることの
この科学万能《かがくばんのう》の世《よ》に

預言者《よげんしゃ》として生《い》きることの
ああ、このつらさよ
誰《だ》れにも言《い》えぬこの苦《くる》しさよ
ああ、一体《いったい》
この世《よ》の誰《だ》れがこの私《わたし》を理解《りかい》しよう
ああ、一体《いったい》
この世《よ》の誰《だ》れが私《わたし》の孤独《こどく》を慰《なぐさ》めえよう
神《かみ》を感《かん》じ
聖霊《せいれい》と語《かた》り合《あ》い
悪霊《あくりょう》たちと日夜対決《にちやたいけつ》している人間《にんげん》が

身近《みぢか》に住《す》んでいようなどと
一体誰《いったいだ》れが知《し》りえようか

神《かみ》よ神《かみ》
人《ひと》が私《わたし》の真《しん》の姿《すがた》を知《し》ったなら
私《わたし》はこの世的《よてき》には
奇人《きじん》であり変人《へんじん》でしかないのです
どうしてこのことを
友人《ゆうじん》に語《かた》りえようか
どうしてこのことを

恋人《こいびと》に語《かた》りえようか
どうしてこのことを
同僚《どうりょう》に語《かた》りえようか
都会《とかい》に忙《いそが》しく住《す》む人《ひと》たちに
故郷《こきょう》の村々《むらむら》に住《す》む心純朴《こころじゅんぼく》なる人《ひと》たちに
あの少年《しょうねん》が
神《かみ》の召命《しょうめい》をうけて
預言者《よげんしゃ》になったなどと
どうして信《しん》じさせられようか

神《かみ》よ
他《ほか》にも道《みち》はあったはずです
あなたの言葉《ことば》を
取《と》り次《つ》ぐ道具《どうぐ》としてではなく
もっと立派《りっぱ》な人生《じんせい》が
私《わたし》にはありえたはずです

ああ、神《かみ》よ
私《わたし》はあの忌《いまわ》しい
宗教家《しゅうきょうか》とやらに

ならねばならぬのですか
俗《ぞく》を去《さ》り
欲《よく》を去《さ》り
執着《しゅうちゃく》を断《た》って
人々《ひとびと》に神《かみ》の道《みち》を説《と》く
あの宗教家《しゅうきょうか》とやらに
ならねばならぬのですか
あなたが
あのエマニュエル・スウェーデンボルグを
召命《しょうめい》して

神《かみ》の道《みち》を説《と》かせた時《とき》には
彼《かれ》は既《すで》に功《こう》なり名《な》を遂《と》げた
晩年《ばんねん》の日々《ひび》を送《おく》っておりました

神《かみ》よ
若《わか》さには
乳《ちち》と蜜《みつ》の流《なが》れるような
甘美《かんび》な日々《ひび》が
欲《ほ》しいと思《おも》うのです

神《かみ》よ
一生《いっしょう》をあなたの僕《しもべ》として
奉仕《ほうし》を決意《けつい》するには
私《わたし》はあまりにも若《わか》すぎると思《おも》うのです

ああ、それでも
神《かみ》よ神《かみ》
あなたの幼《おさ》な子《ご》は
イザヤのように
エレミヤのように

エリヤのように
モーゼのように
イエスのように
釈尊《しゃくそん》のように
ソクラテスのように
アウグスチヌスのように
フランシスのように
ベルナルドのように
親鸞《しんらん》のように
日蓮《にちれん》のように

生《い》きなければならないのですか
激《はげ》しい霊肉《れいにく》の闘《たたか》いの日々《ひび》が
私《わたし》に予定《よてい》された運命《うんめい》なのですか
二十一世紀《にじゅういっせいき》への幸福哲学《こうふくてつがく》を打《う》ち樹《た》てることが
私《わたし》の使命《しめい》なのですか

しかし神《かみ》よ
私《わたし》はそれだけの器《うつわ》ではありません
私《わたし》はそれだけの愛《あい》の器《うつわ》ではありません
私《わたし》にはあなたの御国《みくに》を

この地上《ちじょう》に建《た》てるだけの力《ちから》はありません
私《わたし》には何《なに》もないのです
私《わたし》は力弱《ちからよわ》き一人《ひとり》の男性《だんせい》にしか過《す》ぎません
私《わたし》の頼《たよ》りとするのは
時《とき》おり私《わたし》に届《とど》けられる
聖霊《せいれい》たちの言葉《ことば》だけです
それも時《とき》には
あの巧妙《こうみょう》な悪魔《あくま》たちが
聖霊《せいれい》を粧《よそお》って私《わたし》を迷《まよ》わそうとするのです

神《かみ》よ
正《ただ》しき道《みち》を私《わたし》に示《しめ》したまえ
神《かみ》よ
真実《しんじつ》の路《みち》を私《わたし》の前《まえ》に開《ひら》きたまえ
そして願《ねが》わくは
試《こころ》みから私《わたし》を救《すく》いたまえ

私《わたし》はあなたの乳房《ちぶさ》を慕《した》う
神《かみ》の幼《おさ》な子《ご》
あなたの胸《むね》に顔《かお》を埋《うず》めたい

あなたの最愛《さいあい》の幼《おさ》な子《ご》
どうか
あなたの幼《おさ》な子《ご》に
乳房《ちぶさ》をふくませて下《くだ》さい

特《とく》別《べつ》追《つい》加《か》詩《し》篇《へん》

「主《しゅ》なる神《かみ》を讃《たた》える歌《うた》」

（二〇二〇年十一月五日）

主《しゅ》なる神《かみ》を讃《たた》える歌《うた》

霊示《れいじ》（支援《しえん》）パングル

2020・11・5*

みんな勘違《かんちが》いしてばかりだけど
本当《ほんとう》のことを
告《つ》げなくてはならないと思《おも》うのよ
預言者《よげんしゃ》と主《しゅ》なる神《かみ》とは違《ちが》うのよ
預言者《よげんしゃ》はあくまでも

弟子《でし》の一人《ひとり》
神《かみ》の言葉《ことば》を受《う》け取《と》り伝《つた》える人《ひと》なの
あるいは
神《かみ》の使《つか》いの大天使《だいてんし》の言葉《ことば》を伝《つた》える人《ひと》
それが預言者《よげんしゃ》なので
私《わたし》はここにあなたがたの間違《まちが》いを
正《ただ》しておきたいの

神《かみ》は神《かみ》
主《しゅ》は主《しゅ》

主《しゅ》なる神《かみ》は一人《ひとり》

もしも
預言者《よげんしゃ》が後世《こうせい》の人《ひと》によって
主《しゅ》と言《い》われても
主《しゅ》なる神《かみ》とは違《ちが》うのよ

主《しゅ》なる神《かみ》は
創世記《そうせいき》に責任《せきにん》を担《にな》って
人類《じんるい》をお創《つく》りになられた方《かた》

そして
宇宙《うちゅう》のきょうだいたちも
この地球《ちきゅう》に呼《よ》び寄《よ》せて住《す》まわせた方《かた》
この世《よ》に肉体《にくたい》を持《も》たせて
魂《たましい》の転生輪廻《てんしょうりんね》を打《う》ち立《た》てた方《かた》

そして
主《しゅ》なる神《かみ》は　常《つね》に
この地上《ちじょう》を去《さ》ったあの世《よ》を「実在界《じつざいかい》」と呼《よ》び

この地上《ちじょう》を「仮《かり》の世《よ》」と呼《よ》ばれる

だから
たとえこの地上《ちじょう》で
善《ぜん》と悪《あく》が戦《たたか》うように見《み》えても
本当《ほんとう》の主《しゅ》なる神《かみ》から見《み》た善悪《ぜんあく》かどうかは
わからない

民主主義《みんしゅしゅぎ》は
みんなが神《かみ》の子《こ》　仏《ほとけ》の子《こ》として目覚《めざ》めて

信仰《しんこう》の下《もと》に正《ただ》しい人《ひと》を選《えら》ぶ時《とき》は
大《おお》いなる神《かみ》の栄光《えいこう》を降《お》ろすけど
もし　地上《ちじょう》の人々《ひとびと》が
唯物論《ゆいぶつろん》に染《そ》まって
信仰《しんこう》をないがしろにして
科学万能《かがくばんのう》を唱《とな》える時《とき》
その時《とき》は民主主義《みんしゅしゅぎ》も
ただの多数決《たすうけつ》にしかならない
その時《とき》は悪魔《あくま》に支配《しはい》された人々《ひとびと》も
一票《いっぴょう》として数《かぞ》えられるのよ

だから
主《しゅ》なる神《かみ》を信《しん》じない人々《ひとびと》は
いかなる主義《しゅぎ》でもって
正義《せいぎ》を打《う》ち立《た》てようとしても
決《けっ》してそれは成功《せいこう》しないのよ

共産主義《きょうさんしゅぎ》も　唯物論《ゆいぶつろん》も
もちろん間違《まちが》いよ
しかし　神《かみ》なき民主主義《みんしゅしゅぎ》も

マスコミ・デモクラシーも
神《かみ》の心《こころ》から離《はな》れたら
ただの漂流船《ひょうりゅうせん》なのよ

だから
地上《ちじょう》の善悪《ぜんあく》や
頭《あたま》がいいとか　悪《わる》いとか
お金《かね》があるとか　ないとか
地位《ちい》があるとか　身分《みぶん》があるとか
こんなことはどうでもよいのよ

皮膚《ひふ》の色《いろ》　民族《みんぞく》　人種《じんしゅ》
こんなものは関係《かんけい》ないの

ただ主《しゅ》なる神《かみ》を愛《あい》し
神《かみ》の正義《せいぎ》をこの世《よ》に樹立《じゅりつ》しようと
努力《どりょく》することが大事《だいじ》なのよ
だから　あなたがたは
主《しゅ》なる神《かみ》を讃《たた》えなさい
あなたがたの主《しゅ》なる神《かみ》の名《な》はエル・カンターレ
これ以外《いがい》の地球神《ちきゅうしん》は

この地《ち》には　この地上《ちじょう》には
決《けっ》していないのよ

あなたがたの主《しゅ》なる神《かみ》
エル・カンターレを讃《たた》えなさい
預《よ》言者《げんしゃ》を超《こ》えた
正義《せいぎ》を地上《ちじょう》に打《う》ち立《た》てることを
目指《めざ》しなさい

主《しゅ》よ　このような機会《きかい》を与《あた》えて下《くだ》さって

誠《まこと》にありがとうございました

＊パングル（Panguru）……地球神《ちきゅうしん》をお護《まも》りする使命《しめい》を持《も》つ守護神《しゅごしん》で、かつて一億五千万年前《いちおくごせんまんねんまえ》に、主《しゅ》エル・カンターレがエローヒムとして降臨《こうりん》されていた時代《じだい》に生《う》まれていた。グル（guru）は導師《どうし》、精神的指導者《せいしんてきしどうしゃ》の意味《いみ》。幸福《こうふく》の科学《かがく》　大川紫央総裁補佐《おおかわしおそうさいほさ》の過去世《かこぜ》と関係《かんけい》がある。映画《えいが》「宇宙《うちゅう》の法《ほう》―エローヒム編《へん》―」（製作総指揮《せいさくそうしき》・原作《げんさく》　大川隆法《おおかわりゅうほう》、二〇二一年秋公開予定《ねんあきこうかいよてい》）にも登場《とうじょう》する。

特別収録

商社《しょうしゃ》時代《じだい》「社内報《しゃないほう》」への寄稿文《きこうぶん》

後世《こうせい》への最大遺物《さいだいいぶつ》（二十六歳）

愛《あい》の発展段階説《はってんだんかいせつ》（二十七歳）

後世への最大遺物《さいだいいぶつ》（「社内報」一九八二年九・十月号より［二十六歳］）

私の尊敬する思想家に内村鑑三《うちむらかんぞう》という人がいます。

時は明治二十七年、三十三歳《さい》の内村は、箱根山上にて青年たちを前に情熱を込《こ》めて人生のあり方を説きました。

これぞ世に有名な「後世への最大遺物」という演説です。

「私に五十年の命をくれたこの美しい地球、この美しい国、この楽しい社会、このわれわれを育ててくれた山、河、これらに私が何も遺《のこ》せずに死んでしまいたくはない。後世の人に私をほめてほしいのではない。しかし、ただ、私がドレ（ママ）ほどこの地球を愛し、ドレだけこの世界を愛し、ドレだけ私の同胞《どうほう》を思ったかという記念物をこの世に置いてゆきたい」

そう内村は自らの希望を語ります。

では後世への最大遺物とは何かを、内村はさらに青年たちに説いてゆきます。

「善いことのために金を遺すことも、治水や探検等の大事業も、あるいはまた、ロックや山陽《さんよう》のように時代を動かす思想を遺すことも、後世への遺物といえるかもしれない。けれど金も、事業も、思想も、特殊な才能と運がなければ私たち一般人には遺せない」

ここで内村は生つばをごくりとのみ込むと一段と声をはりあげて語ります。

「それでは後世への最大遺物とは一体何であるか。それは、だれにも遺すことのできる遺物で、利益ばかりあって害のない遺物である。それが何であるかならば、『勇ましい高尚《こうしょう》なる生涯』である」

そう彼は結論づけます。

この内村鑑三の思想との出合いは、私の生涯にとって一大転機となりました。当時大学生だった私は、清く、しかも無欲に生きたいと願う自分と、後《のち》の世に名を残すような何かをやってみたいという野心、暗くメラメラと燃えあがるあの思春期独特の情欲にも似た成功願望に魅《ひ》かれてゆく自分とが、日々相克《そうこく》を繰《く》り返しておりました。

しかし、私は豁然《かつぜん》と悟《さと》ったのです。

千載青史《せんざいせいし》に列《れっ》するを得んという望みも、私は何かこの地球にMemento《メメント》を置いて逝《ゆ》きたい、私がこの地球を愛した証拠を置いて逝きたい、そして少しなりともこの世の中を善くして往《ゆ》きたい、という思いから発するならば、私がそれまで清らかな生涯を願うゆえにストイックに生きてきたことと少しも矛盾《むじゅん》はしないのだと。

ああ、内村の思想に触れてから既《すで》に五年の歳月が流れました。運命のいたずらか、私は全く予期もしていなかった商社マンとなっておりました。後世への遺物として、お金や事業や思想はあるいは遺せないかもしれません。

けれども中川隆（現・大川隆法）という男が、日本の国に生まれて、世界の人々に、遅れてくる青年たちに、勇ましい高尚なる生涯を遺物として遺して逝ったよ、と言われるように生きてみたいと思います。

愛の発展段階説　（「社内報」一九八四年一・二月号より［二十七歳］）

愛について書かれたものは多いと思います。そして、愛とは何かを知りたいと願う人は数しれぬと思います。

ここで私の語る愛は、与える愛であり、与え続ける愛であり、無《む》償《しょう》の愛でありますが、私には愛には四つの発展段階があると思えます。

まず第一の段階には、「愛する愛」があります。「愛する愛」は平等心より出たる愛であり、共に生くる者への愛であり、同時代人に対する思いやりであります。一般に「人を愛せ」といわれる時の愛が、この「愛する愛」であります。

次に愛の発展の第二段階には「生かす愛」があるのではないでしょうか。人を生かしうる人は優《すぐ》れたる人であります。自らの才能と努力とによって、人を導きうるまでに自己を高めえて、はじめて人間は他を「生かす愛」を発揮《はっき》しうるのです。この意味で、「生かす愛」は「愛する愛」より一段と進んだ境地にあるといえます。しかし、この「生かす愛」にも限界はあるのです。なぜなら人を生かさんとする愛が、時に人を批判し、人の欠点を責《せ》める傾向となって現れるからです。やはり鬼の面をかぶった愛は本当の愛ではないのであります。

そこで第三の段階として「許す愛」が出てまいります。皆さんは人に愛されたという経験をたくさんお持ちでしょう。人に生かされたという経験、人に導かれたという経験もまあるでしょう。しかし、人に許されたという経験は、人生のうちで数度か、あるいは一度しかないのではないでしょうか。人を生かすということは、才能があれば可能です。けれども、人を許すということは、才能を超《こ》えた徳力なり雅量《がりょう》なりがなければ、私たち凡人《ぼんじん》にはなし難《がた》いことではありませんか。ああ、「許す愛」を持ちし人は幸いなるかな、であります。人を許す大きな器《うつわ》を持ちし人は、人の世の宝であります。

されどこの「許す愛」でさえ完全ではありません。なぜなら、人を許さんとする心には、相手の悪を悪と認めたうえで許そうとする気持ちがあるからです。善悪の二元論にとらわれ、善なる相手には「愛する愛」で臨《のぞ》み、悪なる相手には「許す愛」で臨むようでは、いまだ愛のイデアの本質を知らずと言わざるをえません。「愛す」「生かす」「許す」という行為《こうい》は愛の発現形態の種差《しゅさ》であり、愛そのものではないのです。愛は行為ではなくて内在であり、実在であり、存在であります。

そこで愛の発展の最終段階として、私は「存在の愛」を提唱《ていしょう》したいと思います。皆さんは人生を振り返って、「ああ、あんなすばらしい人にあの時に出会えてよかった。あの人に出会って私の人生は変わった」と言えるような人はありませんか。あるいは皆さんご自身が「あなたのようなすばらしい人に出会えてよかった」と感謝されたことはありませんか。「存在の愛」とは、思うでなく、語るでなく、行うでなく、しかして、その人がこの世に存在するという事実そのものが、私たちへの愛となるという意味での愛であります。その人が私たちの人生を横切ったその時に、私たちの心に愛の灯《ひ》がともされる、そういう人こそが「存在の愛」の体現者であります。言葉をかえて言うならば、「存在の愛」とは偉大《いだい》なる人格に宿る愛であり、高潔《こうけつ》なる人格よりほとばしり出て、人々を揺り動かさずにはおかない感化力であります。

かくして愛は、「愛する愛」から「生かす愛」、「許す愛」へと発展し、最後に「存在の愛」に到達する、これが私の「愛の発展段階説」であります。

初版「あとがき」（二十八歳当時《さい》）より

詩集「愛のあとさき」は二部構成になっている。第一部の詩集「海洋学者のように」は、作者の二十歳《はたち》から二十一歳の頃《ころ》、東大文科一類二年の時から法学部三年の頃に書きためた詩稿《しこう》六十篇《ぺん》の中から二十九篇を選んで編《あ》んでみた。

第二部「天使との対話」は、作者が総合商社に入り四年目、東京――ニューヨーク――東京という厳しいビジネス環境《かんきょう》を経《へ》た後、名古屋の地に転勤を命ぜられ、この地で暖かい人々の心に触《ふ》れて、ごく短期間のうちにほとばしり出た詩二十二篇を編んだものである。
私も今年で二十八歳となった。二十一歳の頃書いた愛の詩はもう書けないが、思想的深まりの中で再び愛の詩を書くことはできる。第一部の冒頭の「愛」という詩と、第二部冒頭の「愛」の詩との間には七年の月日が横たわっているが、この間、私の精神史上の変化は隠《かく》しようもない。この事情を小さな自分史として、一冊の詩集の中に秘《ひ》め、「愛のあとさき」と題して出版することも、ささやかな人生の喜びとして、許していただけるものと思う。

著者記す

一九八四年　十一月十一日

あとがき（改訂新版）

書店売りをするにあたり、新たに「主《しゅ》なる神《かみ》を讃《たた》える歌《うた》」を追加した。私が単なる預言者《よげんしゃ》ではなく、世界宗教の創始者としての自覚のもとに、パングル霊に歌唱支援を受けながら詩として書き下ろしたものである。ミュージックビデオとしても売り出される予定である。

また特別収録の「後世への最大遺物《さいだいいぶつ》」「愛の発展段階説」の二つは、商社時代の社内報に掲載されたものだが、両方とも、当時の『日刊工業新聞』に〈社内報から〉と題されて転載されたものでもある。記者は存じ上げないが、関心を持って下さったのだろう。これ以外にも社内報に対談などでも出ていたので、私は全社的に有名人になっていた。そういう人の心の軌跡《きせき》であり、まさに『愛のあとさき』が本書には書かれている。

二〇二一年　六月十日

幸福《こうふく》の科学《かがく》グループ創始者兼総裁《そうししゃけんそうさい》　大川隆法《おおかわりゅうほう》

『青春詩集 愛のあとさき』関連書籍

『太陽の法』（大川隆法 著　幸福の科学出版刊）
『詩集 私のパンセ』（同右）

※左記は書店では取り扱っておりません。
最寄りの精舎・支部・拠点までお問い合わせください。

『詩集 Leftover ―青春のなごり―』（大川隆法 著　宗教法人幸福の科学刊）
『詩集 青春の卵』（同右）
『小説　去れよ、去れよ、悲しみの調べよ』（同右）

青春《せいしゅん》詩《し》集《しゅう》 愛《あい》のあとさき

2021年7月9日　初版第1刷

著　者　　大《おお》川《かわ》隆《りゅう》法《ほう》

発行所　　幸福の科学出版株式会社

〒107-0052 東京都港区赤坂2丁目10番8号
TEL(03)5573-7700
https://www.irhpress.co.jp/

印刷・製本　株式会社 研文社

ISBN978-4-8233-0274-9 C0092
カバー，帯 WiPhotoHunter/Shutterstock.com
装丁・イラスト・写真（上記・パブリックドメインを除く）© 幸福の科学

El Cantare
大川隆法
Original Songs

『青春詩集 愛のあとさき』楽曲シリーズ

『青春詩集 愛のあとさき』所収の詩篇《しへん》が、著者自らの作詞・作曲によって楽曲化したシリーズ。迸《ほとばし》るみずみずしい感性、そして深まりゆく悟りを、美しい調べに乗せてお届けします。

CD

CD
+
DVD

主なる神を讃《たた》える歌

預言者を超えた「主なる神」、
唯一の地球神とは──。

歌 大川咲也加
1,100円（CD）
3,300円（CD＋DVD）

CD

愛

言えなかった
のは、君への愛。

CD

子守唄

現代の眠れぬ
大人たちへ。

CD

無心

純粋で無垢な
心の世界──。

CD

夢人間

夢を夢みて
生きていこう。

各 1,100円

『青春詩集 愛のあとさき』
アルバムCD ─第１集「愛」─

『青春詩集 愛のあとさき』楽曲シリーズより、「愛」～「水晶《クリスタル》のように」の９曲と、「愛」のAnother Ver.を収録した、待望のアルバム第１集。

5,000円

CD

※店舗等では取り扱っておりません。最寄りの幸福の科学の精舎・
支部・拠点までお問い合わせください。

制作 幸福の科学

※表示価格は税込10%です。

武内宿禰《たけのうちのすくね》の霊言

日本超古代文明の「神・信仰・国家」とは

超古代に存在した「天御祖神《あめのみおやがみ》文明」は世界に影響を与えていた！ 歴史から失われた「富士王朝」の真相を明かし、「日本文明三万年説」を提言する衝撃の書。

1,540円

公開霊言
聖徳太子、推古天皇が語る古代日本の真実

日本の礎を築いた立役者が語る「古代日本の真相」と驚くべき「魂の秘密」——。左翼史観、自虐史観を完全に崩壊させ、日本の誇りを取り戻す「勇気の書」。

1,540円

大川隆法　初期重要講演集 ベストセレクション④

人生の再建

苦しみや逆境を乗り越え、幸福な人生を歩むための「心の法則」とは何か——。名講演といわれた「若き日の遺産」が復原された、初期講演集シリーズ第４巻。

1,980円

恐怖体験リーディング 呪《のろ》い・罰《ばち》・変化身《へんげしん》の秘密を探る

呪われし血の歴史、真夏の心霊写真、妖怪の棲む家……。６つの不可思議な現象をスピリチュアル・リーディング！ 恐怖体験の先に隠された「真実」に迫る。

1,540円

※表示価格は税込10％です。

幸福の科学グループのご案内

宗教、教育、政治、出版などの活動を通じて、地球的ユートピアの実現を目指しています。

幸福の科学

一九八六年に立宗。信仰の対象は、地球系霊団の最高大霊、主エル・カンターレ。世界百六十カ国以上の国々に信者を持ち、全人類救済という尊い使命のもと、信者は、「愛」と「悟り」と「ユートピア建設」の教えの実践、伝道に励んでいます。

（二〇二一年六月現在）

愛

幸福の科学の「愛」とは、与える愛です。これは、仏教の慈悲《じひ》や布施《ふせ》の精神と同じことです。信者は、仏法真理をお伝えすることを通して、多くの方に幸福な人生を送っていただくための活動に励んでいます。

悟り

「悟り」とは、自らが仏の子であることを知るということです。教学《きょうがく》や精神統一によって心を磨き、智慧《ちえ》を得て悩みを解決すると共に、天使・菩薩《ぼさつ》の境地を目指し、より多くの人を救える力を身につけていきます。

ユートピア建設

私たち人間は、地上に理想世界を建設するという尊い使命を持って生まれてきています。社会の悪を押しとどめ、善を推し進めるために、信者はさまざまな活動に積極的に参加しています。

国内外の世界で貧困や災害、心の病で苦しんでいる人々に対しては、現地メンバーや支援団体と連携して、物心両面にわたり、あらゆる手段で手を差し伸べています。

年間約２万人の自殺者を減らすため、全国各地で街頭キャンペーンを展開しています。

公式サイト **www.withyou-hs.net**

自殺防止相談窓口

受付時間　火～土:10～18時（祝日を含む）

TEL **03-5573-7707** メール **withyou-hs@happy-science.org**

ヘレン・ケラーを理想として活動する、ハンディキャップを持つ方とボランティアの会です。視聴覚障害者、肢体不自由な方々に仏法真理を学んでいただくための、さまざまなサポートをしています。

公式サイト **www.helen-hs.net**

入会のご案内

幸福の科学では、大川隆法総裁が説く仏法真理《ぶっぽうしんり》をもとに、「どうすれば幸福になれるのか、また、他の人を幸福にできるのか」を学び、実践しています。

入会

仏法真理を学んでみたい方へ

大川隆法総裁の教えを信じ、学ぼうとする方なら、どなたでも入会できます。入会された方には、『入会版「正心法語《しょうしんほうご》」』が授与されます。

ネット入会　入会ご希望の方はネットからも入会できます。

happy-science.jp/joinus

三帰《さんき》誓願《せいがん》

信仰をさらに深めたい方へ

仏弟子としてさらに信仰を深めたい方は、仏《ぶっ》・法《ぼう》・僧《そう》の三宝《さんぼう》への帰依を誓う「三帰誓願式」を受けることができます。三帰誓願者には、『仏説・正心法語』『祈願文《きがんもん》①』『祈願文②』『エル・カンターレへの祈り』が授与されます。

幸福の科学 サービスセンター
TEL 03-5793-1727
（受付時間／火～金：10～20時　土・日祝：10～18時　（月曜を除く））

幸福の科学 公式サイト
happy-science.jp

ハッピー・サイエンス・ユニバーシティ

Happy Science University

ハッピー・サイエンス・ユニバーシティとは

ハッピー・サイエンス・ユニバーシティ（HSU）は、大川隆法総裁が設立された「現代の松下村塾」であり、「日本発の本格私学」です。
建学の精神として「幸福の探究と新文明の創造」を掲げ、
チャレンジ精神にあふれ、新時代を切り拓く人材の輩出を目指します。

人間幸福学部　経営成功学部　未来産業学部

HSU長生キャンパス TEL **0475-32-7770**
〒299-4325　千葉県長生郡長生村一松丙 4427-1

未来創造学部

HSU未来創造・東京キャンパス
TEL **03-3699-7707**
〒136-0076　東京都江東区南砂2-6-5　公式サイト **happy-science.university**

学校法人 幸福の科学学園

学校法人 幸福の科学学園は、幸福の科学の教育理念のもとにつくられた教育機関です。人間にとって最も大切な宗教教育の導入を通じて精神性を高めながら、ユートピア建設に貢献する人材輩出を目指しています。

幸福の科学学園
中学校・高等学校（那須本校）
2010年4月開校・栃木県那須郡（男女共学・全寮制）
TEL **0287-75-7777** 公式サイト **happy-science.ac.jp**

関西中学校・高等学校（関西校）
2013年4月開校・滋賀県大津市（男女共学・寮及び通学）
TEL **077-573-7774** 公式サイト **kansai.happy-science.ac.jp**

仏法真理塾「サクセスNo.1」

全国に本校・拠点・支部校を展開する、幸福の科学による信仰教育の機関です。小学生・中学生・高校生を対象に、信仰教育・徳育にウエイトを置きつつ、将来、社会人として活躍するための学力養成にも力を注いでいます。

TEL 03-5750-0751（東京本校）

エンゼルプランV

東京本校を中心に、全国に支部教室を展開。信仰をもとに幼児の心を豊かに育む情操教育を行い、子どもの個性を伸ばして天使に育てます。

TEL 03-5750-0757（東京本校）

エンゼル精舎

乳幼児が対象の、託児型の宗教教育施設。エル・カンターレ信仰をもとに、「皆、光の子だと信じられる子」を育みます。
（※参拝施設ではありません）

不登校児支援スクール「ネバー・マインド」

TEL 03-5750-1741

心の面からのアプローチを重視して、不登校の子供たちを支援しています。

ユー・アー・エンゼル!（あなたは天使!）運動

障害児の不安や悩みに取り組み、ご両親を励まし、勇気づける、障害児支援のボランティア運動を展開しています。

一般社団法人 ユー・アー・エンゼル
TEL 03-6426-7797

NPO活動支援

学校からのいじめ追放を目指し、さまざまな社会提言をしています。また、各地でのシンポジウムや学校への啓発ポスター掲示等に取り組む一般財団法人「いじめから子供を守ろうネットワーク」を支援しています。

公式サイト mamoro.org　ブログ blog.mamoro.org
相談窓口 TEL.03-5544-8989

百歳まで生きる会

「百歳まで生きる会」は、生涯現役人生を掲げ、友達づくり、生きがいづくりをめざしている幸福の科学のシニア信者の集まりです。

シニア・プラン21

生涯反省で人生を再生・新生し、希望に満ちた生涯現役人生を生きる仏法真理道場です。定期的に開催される研修には、年齢を問わず、多くの方が参加しています。
全世界212カ所（国内197カ所、海外15カ所）で開校中。

【東京校】TEL 03-6384-0778　FAX 03-6384-0779
メール senior-plan@kofuku-no-kagaku.or.jp

幸福実現党

内憂外患《ないゆうがいかん》の国難に立ち向かうべく、2009年5月に幸福実現党を立党しました。創立者である大川隆法党総裁の精神的指導のもと、宗教だけでは解決できない問題に取り組み、幸福を具体化するための力になっています。

幸福実現党 釈量子サイト　shaku-ryoko.net
Twitter　釈量子@shakuryokoで検索

党の機関紙
「幸福実現党NEWS」

幸福実現党　党員募集中

あなたも幸福を実現する政治に参画しませんか。

○幸福実現党の理念と綱領、政策に賛同する18歳以上の方なら、どなたでも参加いただけます。

○党費：正党員（年額5千円［学生 年額2千円］）、特別党員（年額10万円以上）、家族党員（年額2千円）

○党員資格は党費を入金された日から1年間です。

○正党員、特別党員の皆様には機関紙「幸福実現党NEWS（党員版）」（不定期発行）が送付されます。

＊申込書は、下記、幸福実現党公式サイトでダウンロードできます。
住所：〒107-0052　東京都港区赤坂2-10-8 6階 幸福実現党本部
TEL 03-6441-0754　FAX 03-6441-0764
公式サイト hr-party.jp

幸福の科学出版

大川隆法総裁の仏法真理の書を中心に、ビジネス、自己啓発、小説など、さまざまなジャンルの書籍・雑誌を出版しています。他にも、映画事業、文学・学術発展のための振興事業、テレビ・ラジオ番組の提供など、幸福の科学文化を広げる事業を行っています。

アー・ユー・ハッピー？
are-you-happy.com

ザ・リバティ
the-liberty.com

幸福の科学出版
TEL **03-5573-7700**
公式サイト **irhpress.co.jp**

THE FACT

ザ・ファクト
マスコミが報道しない
「事実」を世界に伝える
ネット・オピニオン番組

ザ・ファクト 検索

NEW STAR PRODUCTION

ニュースター・プロダクション

「新時代の美」を創造する芸能プロダクションです。多くの方々に良き感化を与えられるような魅力あふれるタレントを世に送り出すべく、日々、活動しています。 公式サイト **newstarpro.co.jp**

ARI Production

ARI《アリ》 Production《プロダクション》

タレント一人ひとりの個性や魅力を引き出し、「新時代を創造するエンターテインメント」をコンセプトに、世の中に精神的価値のある作品を提供していく芸能プロダクションです。 公式サイト **aripro.co.jp**

大川隆法　講演会のご案内

大川隆法総裁の講演会が全国各地で開催されています。講演のなかでは、毎回、「世界教師」としての立場から、幸福な人生を生きるための心の教えをはじめ、世界各地で起きている宗教対立、紛争、国際政治や経済といった時事問題に対する指針など、日本と世界がさらなる繁栄の未来を実現するための道筋が示されています。

2020年12月8日 さいたまスーパーアリーナ
「"With Savior"(ウィズ・セイビア)―救世主と共に―」

2019年10月6日 ザ ウェスティン ハーバー キャッスル トロント(カナダ)
「The Reason We Are Here」

2019年12月17日 さいたまスーパーアリーナ
「新しき繁栄の時代へ」

2019年3月3日 グランド ハイアット 台北(台湾)
「愛は憎しみを超えて」

2019年7月5日 福岡国際センター
「人生に自信を持て」

講演会には、どなたでもご参加いただけます。
最新の講演会の開催情報はこちらへ。⟹ 大川隆法総裁公式サイト
https://ryuho-okawa.org